國小啟智教材
教具製作與
教學實例

洪梅花 ◎著

心理出版社

目　錄

＊：內文出現此標示表示圖由力新國際科技非常好色 5.0 軟體提供

第一章　教具製作

第二章　教具管理

第三章　教學實例

附錄一

附錄二

附錄三

附錄四

附錄五

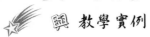
 附錄六

 附錄七

作者簡介

洪梅花

- 民國六十年出生於屏東縣。
- 民國八十二年淡江大學經濟系畢。
- 民國八十六年國立屏東教育大學學士後特教師資學分班結業。
- 曾受聘屏東縣政府教育局「國小啟智教材教具研習」講座、國立屏東教育大學特殊教育系「智能障礙組教材教法」課程之講座與經驗分享。
- 曾獲：
  九十年屏東縣特殊教育優良教師。

  九十一年屏東縣特殊教育教材教具製作比賽教師組第二名、第三名及佳作。

  九十三年屏東縣特殊教育奉獻獎。

  九十三年度教育部獎勵特殊教育研究著作比賽「實務工作組甲等」。
- 教學經歷：
  曾任　萬丹國小啟智班教師五年，並兼任特教組長
  　　　萬丹國小資源班教師二年
  現任　光華國小資源班教師

推薦序(一)

二○○五年新年初始，大地回春，萬物欣欣向榮，預告著新氣象、新年度的開始。季節遞嬗、年歲推移中，唯一不變的是普世對於「人文關懷」及「社會正義」的追求與遵循。

嶄新的年度，本縣特教園地即傳出喜訊——洪梅花老師《國小啟智教材教具製作與教學實例》即將出版。洪梅花老師是本人十分感佩的一位老師，她因用心致力耕耘於特教園地，而獲得九十年屏東縣特殊教育優良教師獎及九十三年屏東縣特殊教育奉獻獎。得獎就是肯定她多年來無私的默默付出，也是她運用巧思的辛勤灌溉，終於花開並蒂、結實累累。

吾人皆知，特教老師面對的是一群身體或心理上有障礙的孩子，在教學上，需時時改變教學技巧和教法來教導學生，所付出的心血，往往是普通老師的好幾倍。而梅花老師《國小啟智教材教具製作與教學實例》宛若是特教教學最佳的指引，透過她多年的經驗與心得，將理論與實務相結合，內容圖文並茂，提供許多創新的教學方法，於此書中，亦可看出洪老師對於特殊教育的專業及熱忱，更讓「關懷」及「正義」的價值理念往前邁進了一大步，不啻為一項重要的里程碑。

屏東縣地靈人傑，許多教育夥伴為了孩子的學習成長不斷地在教學上作努力，個人非常感謝梅花老師將其多年來的教學經驗和寶貴心血付梓成冊，不吝與大家分享，更衷誠期盼特教夥伴能妥善運用，實際造福於教育現場的學生及家長。

教育志業，樹木樹人，個人盼望因本書的出版，使得更多富有教育熱忱的優秀園丁，願意投入這塊園地，發揮教育愛的熱忱與技能，使得這群

特殊學生在他們成長和教育的過程中,開發潛能並能適應未來的社會生活。

謹以本文,向洪梅花老師及所有的特殊教育工作者,敬致謝忱!

林雙不

前屏東縣政府教育局局長

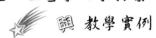
推薦序(二)

認真執著 深情投入

真正認識洪梅花老師是在看了她的教學計畫之後。

這是我從事教育工作這麼多年以來，第一次碰到這麼用心的特教老師。在教學計畫中，她對每個孩子都有深入的描繪，也為他們做了詳盡的教學規畫。

第二次比較深入接觸是資源班的 IEP 會議。會前，她幾度和我接觸，告訴我資源班的教學規畫，以及為什麼要把時間訂在中秋節，她說：「我和所有家長聯絡過了，他們平時都要工作，中秋節是假日，出席率會高一點。」為了讓會議發揮真正效用，為了給家長們方便，她寧可犧牲自己的假日，這麼用心細膩的好老師，再度讓我感動。

中秋節早上，我準時到會場，果然所有家長都到齊了。只見她親切的和每一位家長溝通，把每一個孩子的特色，以及她為他們規畫的課程詳細地解說給家長聽。我從每位家長臉上漾出的神采，可以看出家長們對她的信任與感恩。

每次巡堂經過資源班，總忍不住要多看她幾眼，希望能和她的眼神接觸，讓她知道我對她的感謝，可都無法如願，因為，她總是專心地和孩子們一起進行學習活動。我喜歡到資源班，是因為我在這兒看到了不可思議的景象，這些平時在原班教室無法快樂學習的孩子們，在這兒卻高高興興、專注地和老師一起學習，一起探索。

是什麼魔法讓他們愛上這兒？是什麼力量讓他們不再排斥學習？在梅花老師把她這本《國小啟智教材教具製作與教學實例》拿來請我寫序的時

候，我終於恍然大悟：是的，就是這些用心設計的教材、精心製作的教具，使她的教學變得如此生動活潑，就是在教學進行中自然流露的專業、創意與熱忱，使她變成了教室裡的魔法師。她不但幫助了這些在學習路上碰到挫折，宛如掉在茫茫大海中，驚恐得不知所措的孩子們，更成了憂急如焚的家長們心目中的活菩薩。

好東西要和好朋友分享，梅花老師終於決定把多年研究製作的心得整理出來，和更多特教班、資源班，以及低年級老師們共享。身為同事，除了與有榮焉外，更要為她獻上真誠的祝福，希望她這一步走得踏實，得到更多回饋，再為特殊教育盡更大的心力。

梁財妹

萬丹國小校長

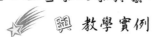

認識梅花多年，她在屏師特殊教育師資班結業，除了曾是我授課班級的學生之外，我也曾擔任她的實習指導老師。後來，她任職萬丹國小特教班，她的班級也是我們特教系學生的實習班級之一，學生實習期間，她的班級是我每週必到的，因此，有許多機會且長期的看到她在各方面的工作態度及表現。

梅花是我所接觸過少數教學最認真的老師之一，尤其在智障生為主的特殊班，要能讓十一、十二個學生皆能主動學習，自動完成所指定的工作，且有驚人的進步，是相當不容易的；在短短兩年之內，她就把特教老師的專業知能發揮得令人稱讚。萬丹國小的特殊班在她經營之下，班上那些智能障礙學生的進步及表現確實令人刮目相看！她的班級經營更是極具特色，且成果斐然，是可以做許多特教班老師的楷模。

我曾數次邀請她到我的課堂上介紹教材教具的準備及製作，並分享教學經驗。更多次推薦有心學習的新手、資深老師，或實習老師到她的班級觀摩，因為她的班級每一天的教學就像「教學演示」般的準備周全，而不是所謂的與平時不一樣的「教學演示」。總之，她的認真投入、積極的工作態度，及專業、敬業的工作精神，是我十分讚賞與佩服的。

如今，她把她在啟智班多年任教所累積的製作教材教具的心得，及教學實例整理出來出版，她說是對自己生命歷程的一個成果交待，我認為是一個特教園丁的心得分享、交換。任何在摸索中、或有心改進教學的特教工作者及家長們，不論在國小、國中、高職階段，都可以從她的智慧中得到助益。

有關文獻一再提到：要有效地協助一個班級內個別差異大的不同程度

身心障礙生學習，教學結構的提供是必須的。梅花的班級經營之所以能那麼有特色，且成效顯著，就是她善用結構式教學，為每個學生準備了一套適合學生程度的學習材料。在本書中她把如何為學生準備教材教具的步驟一一詳加說明，並提供許多不同程度學生的教材示範圖片，讀者們可以直接模仿使用，或針對學生之能力而加以改編，相信必能為教學帶來成效！

楊碧桃

於國立屏東師範學院特教系

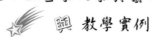

自 序

　　只有真正投身在實際的教學現場，真正面對特殊學生的學習時，才發現自己原來所設計、構思的教材教具和教學方法，往往和學生的學習反應是有很大差距的，總要經過一次次的修正、一遍遍的試用，才能找出適合每個學生學習需求的教學方法，做出符合學生學習特性的教材教具，所以特教教師和特教學生間教與學的過程，便是一連串專業、創意、耐性和工作熱情的考驗。

　　而在這考驗與成長的過程中，除了感謝同班搭檔（盧佩婷老師）的協助與包容，其間屏東師院楊碧桃教授的熱心指導和適時的鼓勵與肯定，更是我們面對挫敗時的重要信心來源。而五年來屏東師院實習生們，陸續為我們所帶來的教學回饋、認真學習的態度，同樣激勵著我們對教學工作的努力，這樣的教學成長經驗確實是豐富而可貴的，感謝大家的付出。

　　所謂巧婦難為無米之炊，編製教材教具的重要素材當然不可或缺，因此非常感謝力新國際科技發行了「非常好色 5.0」如此便捷、經濟又實用的編輯軟體，便利教師的教學；另雖無法取得財團法人科技輔具文教基金會對 U1 圖庫的授權同意，但仍感謝他們多年來投入大量的心力與財力，致力於特殊教育的領域，不斷研發適用於特殊教育的輔具（如：整合型無障礙溝通系統的 U 系列……等），讓我們能在教學中使用，幫助學生的學習。而對力新國際科技同意本人於該著作中引用其發行之非常好色 5.0 軟體圖庫，本人謹此深表謝意，更要感謝靜宜在繪圖上的拔刀相助，讓書的內容更加詳實。

　　一件工程的完成，常不是一人之力所能成就，如果不是班上家長的配合，我們也很難能有今天成功的啟智班教學經驗可以分享，所以謝謝過去

五年來每位家長對孩子的努力協助與指導，也感謝你們能同意授權我於本著作中，引用你們及孩子的圖片。而學校行政單位對特教班教學相關活動的配合與協助、校長對特教教師專業的尊重與信任、特教經費的專款專用原則……等，皆是成就我們經營這樣一個優質特教班級相當重要的資源後盾。

當然，因為屏東縣教育局相關單位主管對特殊教育的關心，為我們提供了相當的教學資源與協助，讓特教教師們更能在此教學環境中，盡心為學生的學習而努力與堅持，也謝謝紫雲學姐、斐祺美女的幫忙。

最後，要感謝梁財妹校長的肯定與鼓勵，讓我更有信心摒除心中的猶豫，嘗試為自己的人生歷程注入不同的成長體驗，更感謝心理出版社，讓我能有此可貴的機會，分享個人的教學心得與經驗，同時謹向所有曾經直、間接參與、協助、鼓勵與肯定我們班級教學活動的所有人員與團體，說聲謝謝您們！

洪梅花

2004 年 12 月 4 日

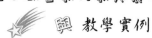

摘　要

累積五年國小啟智班實際教學經驗與行政實務，考量學生之個別能力差異、學習特性與需求，自行設計、編製許多教材、教具和教學方法，因實際運用之教學效果頗佳，故彙編成冊，提供給特教教師在從事特教教學上之參考，不論是直接仿作運用於教學上，或針對學生之能力而加以改編，相信皆能為教師之教學提供不錯的參考構想。

　　書中之教材、教具的編製，主要是以個人所實際任教之學生能力與學習特性為考量，所以教具的內容主要以操作型居多，目的在避免多數學生因書寫能力不足，所可能產生的學習限制。且在設計教學教材初始，便希望藉由教具呈現方式的變化，達到維持特殊學生的學習動機；透過不同的練習方式，增進其對學習內容的吸收與類化，助益教學成效，所以相同的學習內容，才會以不同方式的作業單來呈現，避免單調枯燥的同時，也提供多次練習的機會；另一個教具製作的考量重點，便是配合我們班級所採行的「個別作業與指導」的主要教學模式，因此在教具的製作上，會以學生能自行操作完成（在教師示範、講解操作方式後），甚至達到自我檢視和訂正的目的為主，更有效益地分配教師的教學指導和學生的學習效能。

　　本書的另一特色在強調教材教具製作上的簡單易學、材料取得的方便性與教具（學習作業單）的重複使用及互通性。只要教師具備一般電腦文書的簡單操作與應用的基礎能力，便可勝任。對於具相當電腦技能之教師，則可藉由書中之製作概念與創意，設計更生動有趣的教材教具，提升自己的教學成效。而教具的可重複使用性，不僅減少資源的浪費，互通性更省卻了教師重複製作教具的時間。

　　本書重點主要分為教材教具的編製、教具的管理與教學實例三大部分。

教材教具的編製內容包括：工具材料的介紹、取材內容的重點、實作部分及相關注意事項；教具的管理部分則針對實際教學過程中，在教具的使用與收納上可能發生的問題，提供預防與補教的措施參考，以增進教師的教學效率；其他非關教具製作、管理的所有教學事項則歸納在教學實例的部分，主要內容包括了教學理念、教學方式、教學環境、教師搭檔的互動、親師互動、普通與特教的融合、行政事項等等。最後的部分，則附錄了部分曾從事過的教學活動、自製的部分教具、實用的工具材料、班級活動的編寫實例等圖片，以輔助文字說明的不足，讓教師們能更清楚筆者所欲傳達的概念。

　　本書除採文字的述說外，對可以實例呈現的部分，皆附有相關圖片、表格的輔助說明，以圖文並茂的方式，讓教師們更能清楚教材、教具的設計理念與製作技巧，同時提供參考的範例，方便教師們的彈性應用。

國小啟智教材教具製作
與 教學實例

第一章

教具製作

工具、材料

要設計一份教具，自然少不了材料，而如果教師們有更好的材料替代用品，也竭誠歡迎你能不吝與我們分享。以下筆者將建議教師們參考幾種基本的工具材料：

1. **子母膠帶**：可向醫療器材行直接購買整綑的包裝會較划算，粗、細面各一綑約 900 元，比市面上便宜許多，需注意要有附背膠才方便粘貼喔！

2. **護貝膠膜**：以名片型、A4、4 × 6 相片型的規格較為實用。

3. **影像處理軟體**：在做字卡或圖卡的編輯非常好用，如：非常好色、Photo-Impact。而筆者本身大都以非常好色製作教具，因它操作簡單，即使新手也能輕易上手，特別是海報和名片的功用，恰好符合我們製作教具時護貝的尺寸規格，不需另外裁剪，節省時間和金錢，且其中的圖庫內容尚屬豐富，具實用性（詳細的購得方式，可參考附錄，逕自與廠商聯繫）；而 PhotoImpact 則可運用於編修數位相機所取得的圖檔。

4. **動畫軟體**：為教材教具提供另一種不同的呈現方式，誘發學生的學習動機、增進學生的學習興趣。教師不需具備高深的電腦專業技能，透過最簡易的 PowerPoint 或 Flash 一樣能設計簡單又好玩，且符合自己教學內容的動畫式教材教具。

5. **傳統傻瓜相機或數位相機**：數位相機在使用上會比傳統相機來得經濟，時效性也佳；但若使用傳統相機，記得在沖洗相片時，順便加燒成光碟，方便日後修編使用。目前一般沖洗店皆有免費附贈相片光碟。

6. **圖庫**：雖說有數位相機可解決圖片取得的問題，但畢竟還是有其限制在，此時圖庫便能彌補數位相機的不足。目前市面上有一套針對特殊教育學生所設計的整合型無障礙溝通系統，是由科技輔具文教基金會所研發，其中所建立的圖庫內容頗適合特殊教材教具製作的需求，恰可與非常好色 5.0 相互結合運用（本書中所使用之全部線條圖案，皆取自力新國際科技所發行之非常好色 5.0 軟體圖庫及靜宜老師協助繪製的圖案；而科

3

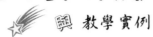
技輔具的圖庫部分，因無法取得其著作權授權同意，又無合適之圖案替代，故無法有附圖的說明呈現，而改以 替代，有興趣者請自行參考基金會之 U1 圖庫），有關非常好色之詳細的購得方式可直接與力新國際科技洽詢。

7. 四色筆：為配合以膠膜護貝的教具的重複使用，以節省成本，且經實用經驗，以該種筆的使用效果最佳。它可在一般較大型的文具店購得（如：光南），挑選時儘量以淺色系為優先考量，因淺色較易擦拭乾淨。

8. 錢幣教具：可直接向幼兒教材教具行購買一整包的來使用（一般而言，包含一元、五元、十元和五十元等四種的教具錢幣綜合包裝，一袋約 380 元，份量與價錢都蠻經濟的）。

9. 連續印章：雖然市面上或普通班教具中有許多現成的印章可供運用，但對特教的學生而言，部分的印章可能顯得過小，而不好使用，因此教師們亦可針對自己的教學需求，跟製作姓名章的廠商個別訂製，而其中連續印章雖然比較貴，但在使用的效率上會比橡皮章要方便許多。如：附錄中的自製教具部分，便有時鐘和數錢幣用的數字連續章。時鐘的規格比一般的要大且另有電子鐘的空格，學生在計數上會比較清楚又配合電子鐘的記錄方式，且大小剛好符合數學作業簿的格子規格；另數字連續章則可節省教師出製作業單的時間，也較具彈性些。

有了材料之後，當然可動手設計製作我們所需的個別化教具囉！而在此要再次強調的是：本書的主要目的僅在提供國小特教教師們於製作教具時，一些實用概念和創意上的參考，並非要限制住教師們的想法，而完全以此為一不變的範本，畢竟每位教師所教導的學生情況皆不同，皆有其學習特性與限制在。

以筆者個人的實際教學情形為例：因學生普遍的紙筆能力較弱，故所設計的教具以操作型居多，加上學生人數多且個別間差異大，採用團體教學的適切性和學習成效較不似個別作業、學習的成效佳，因此在實用數學和實用語文的教學安排上，是以個別指導、個別作業為主，團體教學為輔，所以教具的製作便以學生能個別作業、獨立操作的考量為出發，如此也能

同時訓練與培養學生對自我責任的認知、自動自發的作業態度。

因此若教師能依學生之個別學習能力與特性為製作教具時的出發考量，相信這樣的教具才是真正能助益學生學習的個別化學習教具。

▦ 取材內容

在工具、材料準備就緒，開始製作教具之前，對於教具的內容部分，有幾點取材上可以稍加留意的地方，在此提出與大家分享：

1. **由具實用性、功能性出發**：這一點在後續的製作說明中也會再次的提到，因為身心障礙的學生，在學習上有可能比一般普通的學生來得慢、也來得少，所以更應該針對他們的能力和需求，為他們擇取更實用而具功能性的內容。如：「王」字的筆劃雖然簡單，但若單一個「王」字對學生並無特殊的意義或實用性，那將它納入教學內容中的適切性就值得商榷；但若「王」為該學生的姓氏，且學生的能力可達認讀的程度，那我們就可以將它納入教學內容中。

2. **以具體且熟悉的事物為優先**：我們都知道認知能力的發展是由具體、半具體而至抽象，所以在教導學生時，我們若能以此概念切入，以學生日常生活中較常接觸、熟悉且具體的事物為出發，通常學生能有較好的學習成效。如：以家人稱謂、名字、身體部位或食物名稱……等為例，它們都是學生在日常生活中較常聽得到、看得到、吃得到的事物，所以學生大部分也都具備了一定或部分的命名能力，由此切入來做字詞的認讀應該是比較適切的作法。

3. **實物圖片為主、線條圖案為輔**：因為我們在取材上會以具體且熟悉常見的事物為優先，所以當教師們無法將每一樣物品皆以實物呈現在學生面前時，影片或圖片便發揮了作用，所以圖片的選擇，自然會以學生平常看到的實物圖片較佳，而當實物圖片的取得有困難時，更可以線條圖案輔助。如：以家人稱謂的教學為例，學生自己家人的圖片一定比線條圖案更能幫助學生的類推，省去了還要將圖片先與命名做連結的步驟，而

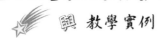

實物圖片	線條圖案

（圖字配對貼——家人稱謂）	（圖字配對貼——家人稱謂）*

能直接進入圖片與文字的連結和認讀。

4. **一魚多吃的創意**：有創意才會覺得新鮮，也才能引起學生的興趣，所以針對相同的教學內容，不要侷限於單一的呈現方式，可透過不同的型式，讓學生多多嘗試各種不同的練習方式，如此不僅學生能有較高的參與、配合度，維持較長的學習動機，老師們也不會覺得教具老是一成不變，覺得愧對學生、家長和自己。而且在創造教具的過程中，本身也是一種樂趣、一種挑戰和成就感的來源（在實例與製作部分將有說明）。

5. **不同領域的結合運用**：針對學生在實用語文、實用數學中所設計的教學內容，如果也能與其他領域相互結合，不但能增加學習的豐富性和趣味性，也再次給了學生又一次的練習機會；對老師們而言，教材內容不僅更具統整性，在準備上也更具效率，不必針對每個不同的領域，各自設計不同的教學內容。如：在實用語文的「水果」認讀教學，放在實用數學中，可變成分類、數量、價錢的教學活動，透過數學活動，又再次對水果的命名和認讀做了一次練習；同樣地，我們也將它放在休閒領域（歌曲改編）、社會適應（消費場所）、生活教育（食物處理），甚至是職業生活（蔬果清洗）中。

實例與製作說明

　　在實例與製作之前，有一點必須說明的是：以筆者本身所教學的啟智班為例，孩子普遍的紙筆能力均較弱，所以筆者所製作的教具，大部分以操作型的為主，主要是為了配合孩子的能力；其次是紙筆的作業型式為普通班教學的主要型式，相關的教材作業範例頗多，老師們也相當專長，無需贅述。接下來就讓我們直接進入教具的實例與製作說明的部分吧！

教具名稱　圖字配對貼

材料：1. 非常好色軟體。

　　　2. 自拍相片圖檔或圖庫。

　　　3. 護貝膠膜（名片型）。

　　　4. 子母膠帶（本書中的圖示 ▨ 代表粗面；圖示 ☐ 代表細面，將不再重述）。

作法：1. 利用非常好色中「名片」的功能選項來製作。

　　　2. 先插入一個矩形的外框，再將它拉到最大（P.S.因為當我們列印好時，此外框可方便我們依框線剪裁，製作出的教具才不會大小不一、歪七扭八，如此規格一致才方便分類收納），如下圖。

　　　3. 若你所要的圖片非屬於非常好色圖庫中，請以「加入影像檔」的方式插入圖片，否則可直接以插畫方式加入。

　　　4. 將圖像拉到所要的大小、調整至所要位置，如下圖。

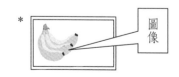

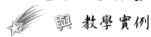
5. 若該教具只需一張，則請進入「列印選項」選擇「只印一張」，以免浪費墨水。

6. 將裁下之圖像名片，以名片型護貝膠膜護貝成型（這也是我們為什麼要以「名片」的功能選項來製作的原因，因為這樣的大小正好可用名片型護貝膠膜來護貝，而不需做任何的修剪）。

7. 再於名片上圖像旁貼上子母膠帶之子或母面即可（建議最好固定所有的圖片卡皆貼母（粗）面，所有的字卡則貼子（細）面，如此可方便日後教具間使用上的互通性，省去重複製作的浪費），如下圖。

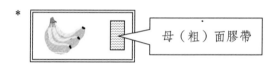

8. 接下來便可製作字卡的部分，同樣利用「名片」的功能選項來製作（通常一張名片的大小可製作四張字卡），插入一個矩形外框，拉成編輯畫面的 1/4 大小，再依此矩形外框複製 3 個相同的外框，將此 4 個相同的外框平均放置在該編輯畫面上，如下圖。

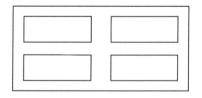

9. 插入標題的功能，輸入所要的文字，再選擇所要字型和顏色即可（建議以標楷體為佳，且最好以直書，即由上而下的呈現方式，如此學生在認讀時才不會有由左而右或由右而左的困擾）。

10. 接著便可將標題框移動至方才畫好的矩形外框內，並調整該標題框至符合矩形外框的大小。

11. 其他 3 個標題框亦可透過複製的功能來製作（如此可確保 4 張字卡的大小能相同，不致相差太多），再將複製的 3 個標題框的文

字內容修改成自己需要的文字便可，如下圖。

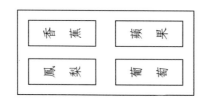

12.護貝時，最好將 4 張字卡依矩形外框分別剪下，再依序排入膠膜中護貝，護貝完畢後再將 4 張字卡分別裁剪開來（如此大費周章的原因是：若先將全部字卡一起護貝後再剪下，字卡的四周沒留下部分膠膜的間隙，一旦字卡遇到水便容易滲入字卡中，字體暈開字卡就報廢了；且字卡也易由四周散裂，失去當初護貝的作用），最後再在字卡背面貼上子母膠帶的子（細）面便可，如下圖。

13.最後請記得將剪下的字卡四周的膠膜直角修成圓邊，以免學生在操作時割傷，如下圖。

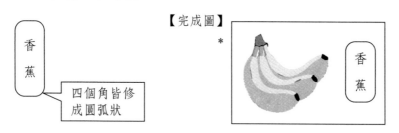

範例1：【家人稱謂】

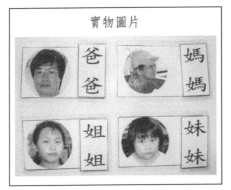

實物圖片

線條圖案*

範例2：【認識水果】

實物圖片

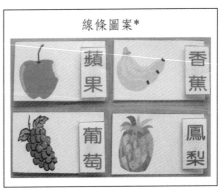

線條圖案*

範例3：【盥洗用具】

實物圖片

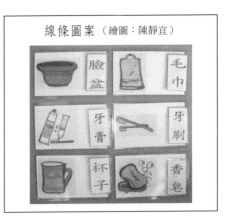

線條圖案（繪圖：陳靜宜）

範例 4：【認識食物】

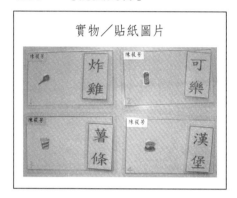

實物／貼紙圖片

線條圖案*

範例 5：【認識五官】（繪圖：陳靜宜）

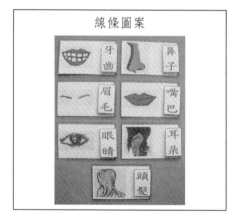

線條圖案

 註

1. 以上的製作僅供參考，字卡的大小可依個人教學的實際需要而調整。

2. 對於障礙程度重的學生，所教導的內容，最好能以學生日常生活經驗中較熟悉、常接觸且具體化的事物為教材內容的著手點。

3. 教具的使用若能以實際的人、事、物……等實物圖片為主，對學生在學習上會有較好的接受度與認同感；若實物圖片的取得有所限制時，可以線條圖案為輔。

4. 取材內容要衡量對學生有用的才教，不要因簡單而教學生無用的東西。

 **教具名稱** 語詞順序貼

材料： *1.* Word 文書處理軟體。

　　　 2. 護貝膠膜。

　　　 3. 子母膠帶。

作法： *1.* 開啟 Word 中「手繪表格」的功能來製作。

　　　 2. 繪出一滿頁的大表格，再分割成所需大小的方格。

如：

（書中所提及類似繪製框線的作用，皆是為列印好時，方便我們依
　框線剪裁，以製作出大小一致的教具，將不再重述。）

　　　 3. 在每一方格中輸入所要的單字並列印出。

如：

香	梨	蕃	瓜	葡
蕉	蘋	茄	芭	萄
鳳	果	木	樂	芒

　　　 4. 將每一方格分別一一裁剪，並分別以名片型膠膜（名片型尺寸小，
　　　　 方便單字方格的排列整齊，也較不易浪費膠膜空間）護貝成單字
　　　　 卡，再貼上子母膠帶的子（細）面即可（如：圖字配對貼的步驟
　　　　 12、13）。

　　　 5. 再依範例繪製粘貼單字卡的面板（A4 大小），完成護貝動作後再
　　　　 貼上子母膠帶的母（粗）面即告完成。

如：

5	4	3	2	1
▨	▨	▨	▨	▨
▨	▨	▨	▨	▨

範例：【認識水果】

（語詞順序貼——空白表）

（語詞順序貼——水果）

　　因學生在認讀語詞時，常將語詞（2 個或 2 個以上生字所組成）視為一整個字形，以致當語詞拆為個別單一的生字時，常無法正確辨認語詞上下的生字（如：將香蕉寫成蕉香，或將蕉香讀成香蕉），所以才設計該單字詞順序練習教具。

教具名稱 語詞找找看

材料：*1.* Word 文書處理軟體。
　　　2.護貝膠膜。
　　　3.子母膠帶。
　　　4.四色筆。
　　　5.前面所製作完成的「圖字配對貼」教具卡。

1.只要將之前所製作之「圖字配對貼」卡片的背面，貼上子面膠帶即可搭配使用。

2.初次使用時，若學生識字能力尚不熟稔，可將字卡粘上，幫助學生辨識找尋相同的語詞；待學生識字能力稍佳後，再將字卡撕下，只剩圖卡讓

學生自行辨識找尋該圖卡的相對應語詞，並用四色筆圈選。

範例1：【認識食物】　　　　**範例2：【認識顏色】**

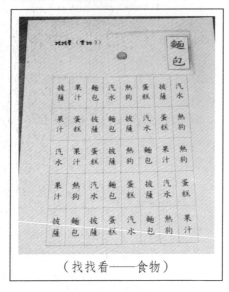

（找找看——食物）

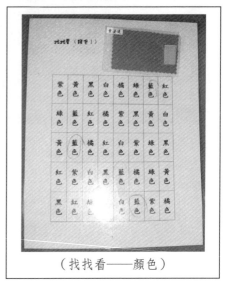

（找找看——顏色）

教具名稱　圖字連連看

材料：1. Word 文書處理軟體。

2. 自拍相片圖檔或圖庫。

3. 護貝膠膜（A4）。

4. 四色筆。

範例：【認識水果】如附件一

附件一

圖字連連看【水果（二）】*

●　鳳梨

●　蘋果

●　香蕉

●　葡萄

 教具名稱 語詞連連看

材料： 1. Word 文書處理軟體。

2. 護貝膠膜。

3. 四色筆。

註

1. 語詞連連看可列印二份（排列順序最好改變一下，不要兩張都一樣），使正、反兩面皆可使用，以一張護貝膠膜護貝即可，避免浪費。

2. 當要以一張護貝膠膜同時護貝二張紙張時，一定要記得在此二張紙的背面，先以口紅膠（不要用膠水，否則容易皺皺的）塗抹後，將二張背對背密合粘貼在一起後，再放入膠膜內護貝，避免空氣造成護貝效果不佳，而使成品的使用壽命縮短。

3. 令學生以四色筆作答，錯誤或重新使用時，只需用乾抹布擦拭即可乾淨，千萬別用其他彩色筆，或以溼抹布、清潔劑或橡皮擦擦拭，不僅效果不佳，且會影響到下次使用時的品質。

範例：【認識水果】如附件二

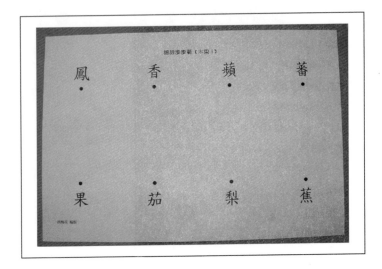

附件二

語詞連連看【水果（一）】

葡　●　　　　●　蕉

蘋　●　　　　●　梨

香　●　　　　●　萄

鳳　●　　　　●　果

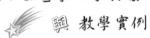

教具名稱 自編課文範例

材料：1. Word 文書處理軟體。

2. 自拍相片圖檔或圖庫。

註

1. 對於學習程度較不好的學生，在教導實用語文時，可先以學生熟悉的名詞開始，待累積一定量的語詞後，便可加入常用的人稱、副詞或形容詞，串成簡單的短句，再組成一篇簡短的課文內容。

2. 另亦可先針對要教學的語詞，先編寫好一篇篇的課文，讓學生在每次的教學中皆能先朗讀課文，透過一次次的朗誦練習而自然流暢的背誦，但認讀字詞的部分，則僅以預訂的教學目標中的語詞為主。

範例1：【好吃的水果】如附件三

範例2：【做運動】如附件四

範例3：【好吃的早餐】如附件五

教具名稱 看圖填詞

材料：1. Word 文書處理軟體。

2. 拍相片圖檔或圖庫。

3. 自編課文。

範例：【好吃的水果】如附件六-1、附件六-2、附件六-3

教具名稱 評量表

材料：1. Word 文書處理軟體。

2. 拍相片圖檔或圖庫。

範例：【自編實用語文語詞評量表】如附件七、附件八

附件三*（繪圖‥陳靜宜）

一、好吃的水果

綠色的芭樂，

橘色的橘子，

紫色的葡萄，

黃色的香蕉 和木瓜，

紅色的蘋果 和蕃茄，

還有酸酸甜甜的鳳梨 和芒果，

都是好吃的水果‥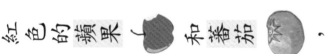

我最愛吃又大又圓的西瓜，

它有綠色的果皮，

紅色的果肉和黑色的籽。

19

附件四（繪圖‥陳靜宜）

二、做運動

梳 梳 頭 髮 ，　眨 眼 睛 ，

捏 捏 鼻 子 ，　拉 耳 朵 ，

張 大 嘴 巴 ，　刷 刷 牙 ，

搓 搓 眉 毛 ，　洗 洗 臉 ，

摸 摸 肚 子 ，　減 減 肥 ，

動 動 肩 膀 ，　扭 扭 腰 ，

彎 彎 膝 蓋 ，　跳 一 跳 ，

動 動 手 指 ，　踢 踢 腳 ，

拍 拍 屁 股 ，　深 呼 吸 ，

乾 淨 健 康 ， 我 第 一 。

附件五*

三、好吃的早餐

長長的薯條，

圓圓的漢堡，

香香的牛奶甜甜的奶茶，

還有正方形的土司，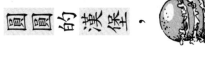

三角形的三明治，

都是好吃的早餐，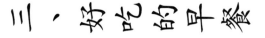

你最愛吃哪一個？

附件六-1【看圖填詞 1】 *（繪圖：陳靜宜）

【圖】	它	我	都	還	【圖】	【圖】	【圖】	【圖】	
	有	最	是	有					
色	【圖】	愛	好	酸	色	色	色	色	一
的		吃	吃	酸	的	的	的	的	好
籽	色	又	的	甜					吃
。	的	大		甜					的
	果	又		的	【圖】	【圖】	【圖】	【圖】	水
	皮	圓	【圖】		和	和	，	，	果
	、	的		，				【圖】	
	【圖】		【圖】						
			和	【圖】	【圖】			色	
色	【圖】			，	，			的	
的	，								
果		【圖】		，					
肉		，					【圖】		
和			，						

附件六-2 【看圖填詞 2】 ＊（繪圖：陳靜宜）

看圖填詞【水果 1-2】

			訂 正 錯 字						

23

附件六-3【看圖填詞 3──回家作業】*（繪圖：陳靜宜）

○	○	○	○	○	○	○	○
○	○	○	○	○	○	○	○

附件七　【語詞命名評量表】*（繪圖：陳靜宜）

姓名：＿＿＿＿＿＿＿＿

評量代號說明→　○：表通過　　空白：表不通過

（圖右的三格空格為評量通過與否的記錄）

學前評量：＿＿＿＿＿＿＿＿＿＿＿＿＿＿　評量結果：（＿＿＿／30）

評量日期：＿＿＿＿＿＿＿＿＿＿＿＿＿＿　評量結果：（＿＿＿／30）

評量日期：＿＿＿＿＿＿＿＿＿＿＿＿＿＿　評量結果：（＿＿＿／30）

附件八 【語詞認讀評量表】

姓名：＿＿＿＿＿＿＿＿＿

土司奶茶香皂鼻子木瓜		葡萄橘子薯條香蕉芒果		蕃茄耳朵頭髮毛巾芭樂		牙齒蘋果炸雞漢堡柳丁		三明治眉毛牙刷臉盆楊桃		鳳梨西瓜眼睛嘴巴牙膏	

評量代號說明→　○：表通過　　空白：表不通過

（三格空格為評量通過與否的記錄）

學前評量：＿＿＿＿＿＿＿＿＿＿＿＿	評量結果：（＿＿＿／30）
評量日期：＿＿＿＿＿＿＿＿＿＿＿＿	評量結果：（＿＿＿／30）
評量日期：＿＿＿＿＿＿＿＿＿＿＿＿	評量結果：（＿＿＿／30）

教具名稱　數與量

材料：*1.* Word 文書處理軟體。

　　2. 非常好色軟體。

　　3. 廣告單（多利用一些隨手可得的商品廣告單，不但可節省墨水的使用，還能變化不同的圖片呈現式樣）。

　　4. 護貝膠膜（A4、4×6 相片型、名片型）。

　　5. 子母膠帶。

　　6. 數學作業簿或 A4 表格。

　　7. 印章筆、四色筆。

　　8. 圖形尺。

　　9. 數量與數字提示／對照卡。

　　10. 夾子、花片、鋼環、公文帶、珠子、方塊積木、藥品整理盒、標籤貼紙。

【範例如下】

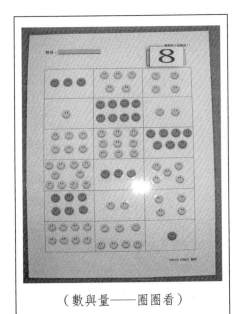

（數與量——圈圈看）

（數與量——圈圈看）

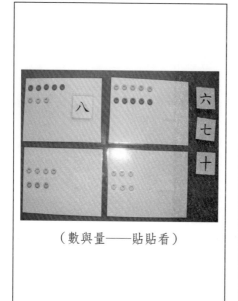

（數與量——貼貼看）

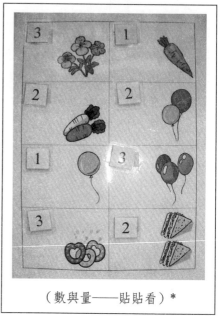

（數與量——貼貼看）*

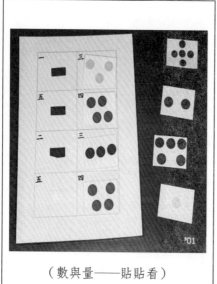

（數與量——貼貼看）

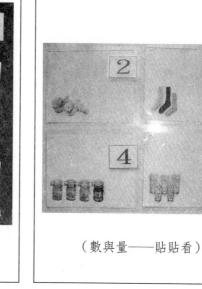

（數與量——貼貼看）

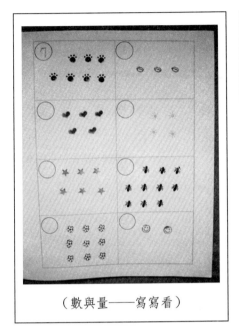

（數與量——寫寫看）

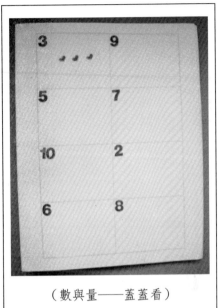

（數與量——蓋蓋看）

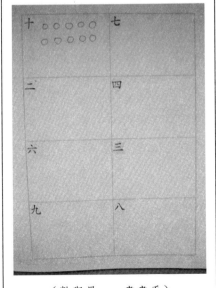

（數與量——畫畫看）

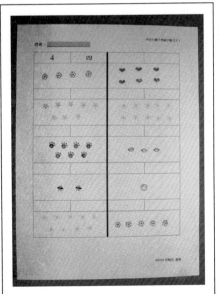

〔數與量（國字與數字）——寫寫看〕

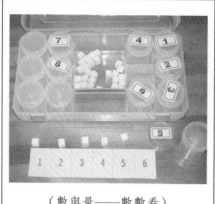

（數與量——數數看）

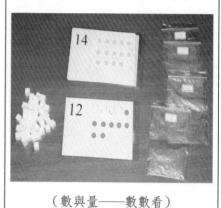

（數與量——數數看）

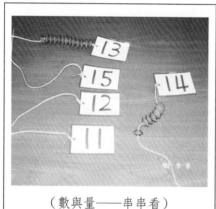

（數與量——串串看）

（數與量——串串看）

教具名稱 比多少

材料：1.貼紙或非常好色軟體（文具店一些可愛的流行卡通人物貼紙，常
　　　常可以引起小朋友的學習興趣，用來製作教材教具常有不錯的效
　　　果）。

　　　2.護貝膠膜（A4、名片型）。

　　　3.子母膠帶。

【範例如下】

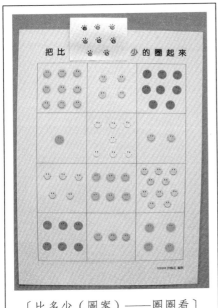

〔比多少（圖案）——圈圈看〕

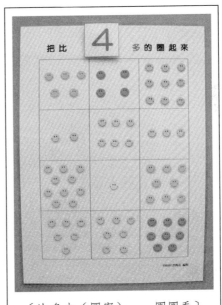

〔比多少（圖案）——圈圈看〕

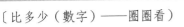

〔比多少（數字）——圈圈看〕

〔比多少（數字）——圈圈看〕

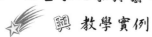
教具名稱 數字順序填空

【範例如下】

數字順序填空

5		

		6

		10

8		

	1	

		7

		4

0		

		8

	3	

教具名稱 錢幣數數看

材料：1.特價的商品廣告單（只要直接剪下便可做為現成的教材教具使用，
非常具有經濟效益，也很符合實際生活功能性）。

2.透明夾鏈袋。

3.錢幣教具。

【範例如下】

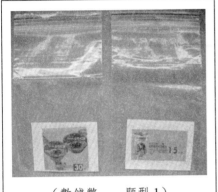

（數錢幣——題型 1）

（數錢幣——題型 2）

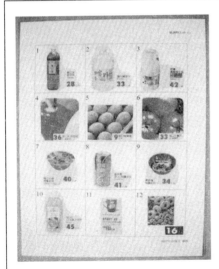

（數錢幣——題型 3）

【說明】依左邊之題目卡，找出右邊相對之題號的夾鏈袋，計數題目之
　　　　指定金額放入袋中。

教具名稱 錢幣寫寫看

材料：1.數學作業簿或 A4 表格。

2.透明夾鏈袋（可在袋上寫上題號，方便學生依題號寫下所數得的答案）。

3.錢幣教具。

【範例如下】

（數錢幣──題目）

（數錢幣──計算金額）

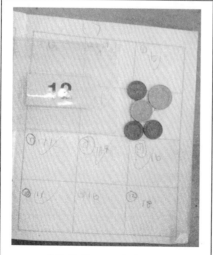

（數錢幣──寫寫看）

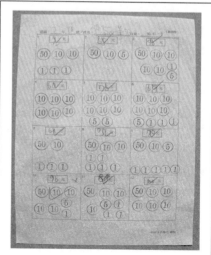

（數錢幣──寫寫看）

教具名稱　關係配對

材料：*1.* Word 文書處理軟體（繪出粘貼的底稿）。

　　　2. 自拍相片圖檔或圖庫。

　　　3. 護貝膠膜（A4、名片型）。

　　　4. 子母膠帶。

【範例如下】

（關係配對）

註

　　此種關係配對的圖卡教具，市面上也有現成的可供購買；但如果實用語文的教學內容即有相關的自製認讀圖卡，便可加以利用做為關係配對或物品分類的教具，讓相同的一份教具，能適用於不同的教學內容，發揮省時省力的經濟效率。

教具名稱　相同配對【蛋糕】

材料：*1.* Word 文書處理軟體（繪出粘貼的底稿）。

　　　2. 護貝膠膜（A4、名片型）。

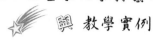

3.商品廣告單（製作出的教具效果很棒，使用時小朋友都喜歡得不得了，口水都流出來了）。

4.子母膠帶。

【範例如下】

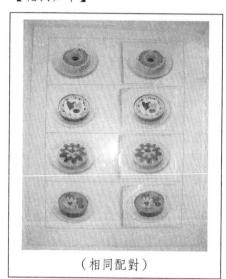

（相同配對）

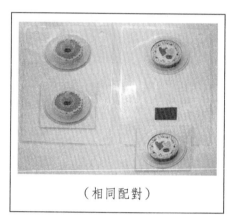

（相同配對）

教具名稱　相同配對【數字】

材料：1. Word 文書處理軟體（繪製配對底稿、數字卡）。

　　　2.護貝膠膜（A4）護貝底稿、數字卡。

　　　3.子母膠帶。

【範例如下】

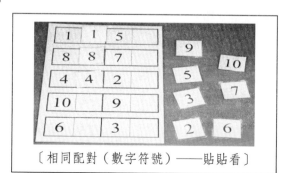

〔相同配對（數字符號）——貼貼看〕

教具名稱 顏色配對

材料：*1.* Word 文書處理軟體。

　　　2.護貝膠膜（名片型）護貝顏色卡。

　　　3.鋼環、顏色環、顏色夾。

【範例如下】

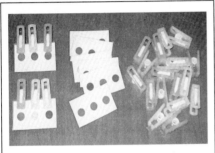

（顏色配對——夾夾看 1）

（顏色配對——夾夾看 2）

（顏色配對——串串看）

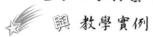
教具名稱 顏色、形狀分類

材料：*1.* Word 文書處理軟體（繪製顏色、形狀名稱卡）。

　　　2.護貝膠膜（名片型）護貝顏色、形狀名稱卡。

　　　3.分類盒（四格）。

　　　4.形狀書夾、顏色花片。

【範例如下】

（顏色分類）

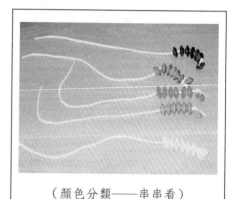

（顏色分類——串串看）

（形狀分類）

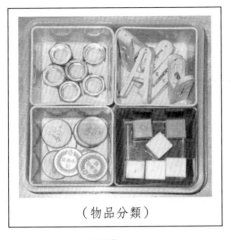
（物品分類）

（圖片分類）*

教具名稱 1：1對應

材料： *1.* Word 文書處理軟體（繪製對應底稿）。

　　　2. 護貝膠膜（A4）護貝底稿。

　　　3. 方塊積木。

【範例如下】

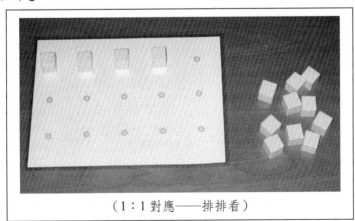
（1：1對應——排排看）

註

　　分類、對應、配對都是數數前的技能，具備了該項能力後，才能進入
數與量的認知學習。

39

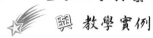

教具名稱 顏色與數量

材料：*1.* Word 文書處理軟體（繪製顏色數字卡）。

　　　2. 護貝膠膜（名片型）護貝顏色數字卡。

　　　3. 鋼環。

　　　4. 顏色花片。

【範例如下】

（顏色與數量——串串看 1）

（顏色與數量——串串看 2）

註

　　左圖只要求數量正確即可，右圖則必須顏色與數量皆正確。

教具名稱 核對清單

材料：*1.* Word 文書處理軟體。

　　　2. 護貝膠膜（A4）。

　　　3. 夾鏈袋。

　　　4. 四色筆。

【範例 1 如下】

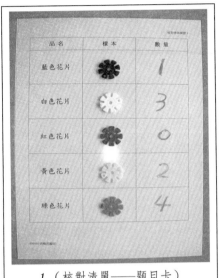

1.（核對清單——題目卡）

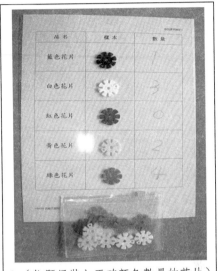

2.（依題目裝入正確顏色數量的花片）

【範例 2 如下】

1.（核對清單——題目袋）

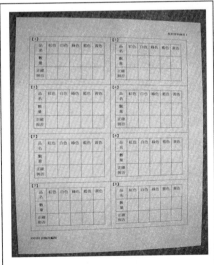

2.（計數題目袋內各色花片的正確數量，在相對題號空格中填入答案）
　　　　如附件九

附件九【核算清單練習 2】

【1】

品名	紅色	白色	綠色	藍色	黃色
數量					
正確與否					

【2】

品名	紅色	白色	綠色	藍色	黃色
數量					
正確與否					

【3】

品名	紅色	白色	綠色	藍色	黃色
數量					
正確與否					

【4】

品名	紅色	白色	綠色	藍色	黃色
數量					
正確與否					

【5】

品名	紅色	白色	綠色	藍色	黃色
數量					
正確與否					

【6】

品名	紅色	白色	綠色	藍色	黃色
數量					
正確與否					

【7】

品名	紅色	白色	綠色	藍色	黃色
數量					
正確與否					

【8】

品名	紅色	白色	綠色	藍色	黃色
數量					
正確與否					

【範例 3 如下】

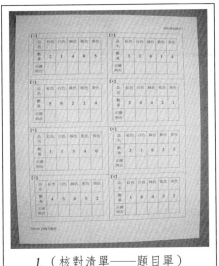

1.（核對清單——題目單）
如附件十

2.（依清單題號核對相對袋內的花片
是否正確，並在題目單上劃記）

教具名稱 時間

材料：1. Word 文書處理軟體。 2.護貝膠膜（A4）護貝底稿、時間題目卡。
　　　3.子母膠帶。 　　　　4.四色筆。

【範例如下】

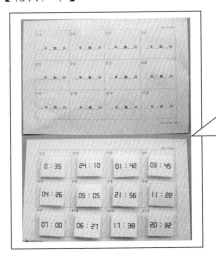

【說明】
上圖為答案紙，下圖為題目卡。
下圖題目卡為活動式，可立即撕下
變換順序，讓學生重複練習，節省
教師重新出題列印的麻煩。

附件十【核算清單練習3】

【1】

品名	紅色	白色	綠色	藍色	黃色
數量	2	1	4	0	5
正確與否					

【2】

品名	紅色	白色	綠色	藍色	黃色
數量	3	2	0	1	4
正確與否					

【3】

品名	紅色	白色	綠色	藍色	黃色
數量	5	0	2	2	4
正確與否					

【4】

品名	紅色	白色	綠色	藍色	黃色
數量	3	4	4	2	1
正確與否					

【5】

品名	紅色	白色	綠色	藍色	黃色
數量	1	1	5	4	0
正確與否					

【6】

品名	紅色	白色	綠色	藍色	黃色
數量	3	1	0	2	5
正確與否					

【7】

品名	紅色	白色	綠色	藍色	黃色
數量	4	3	0	5	2
正確與否					

【8】

品名	紅色	白色	綠色	藍色	黃色
數量	1	0	4	3	2
正確與否					

教具名稱　自編律動教材範例

　　如果學習也可透過遊戲、歌唱或律動的方式來進行，而非一板一眼、就定位排排坐的聽與說的枯燥型式，相信對於學生學習動機的引起和維持，一定能有不錯的效果，特別是對啟智班的學生而言，遊戲、歌唱和律動的上課方式總能引起他們極高的參與度和濃厚的興趣。因此，我們可利用實用語文和實用數學中所教導和習得的內容，做為休閒活動的現成教材，強化、類化和維持學生的學習，達到教師在教學上的統整性、學生在學習上的趣味性、活潑化和變化性。以下的範例便是利用學生在實用語文和實用數學中所學習的內容改編而成的休閒教育的教材參考。

範例 1：【數量、顏色和水果】

材料：*1.* 裝飾用聖誕樹一棵（一般聖誕節的佈置皆會有此道具，若無可改其他替代道具）。

　　　2. 不同種類的水果圖卡和水果字卡各數張。

　　　3. 不同顏色的色卡（或氣球實物）和顏色字卡各數張。

作法：*1.* 將所有的圖卡、字卡和色卡（或氣球）分散掛在聖誕樹上。

　　　2. 由老師彈奏〈採一個果子跑跑跑〉的曲子，並指定學生依所唱歌詞內容拿下掛在聖誕樹上的圖卡、字卡和色卡（或氣球）。

活動功能：*1.* 水果與顏色圖卡的辨認。

　　　　　2. 水果與顏色字卡的認讀。

　　　　　3. 數量概念的建立。

　　　　　4. 肢體動作協調的訓練。

歌詞改編參考 1【自編】：〈採 1 個蘋果跑跑跑〉、〈採 2 串葡萄跑跑跑〉或〈採 3 根香蕉跑跑跑〉

歌詞改編參考 2【自編】：〈拿紅色氣球跑跑跑〉、〈拿綠色氣球跑跑跑〉或〈拿黃色氣球跑跑跑〉

1. 教師可依學生程度，指定其拿下所唱數量的：

 ⑴水果或顏色圖卡（會辨認水果或顏色圖卡但無法辨認水果或顏色字卡
　 的學生）。

 ⑵水果或顏色字卡（會辨認水果或顏色圖卡與字卡的學生）。

2. 此處所用之圖卡、色卡和字卡，恰可利用實用語文時所製作的「圖字配
　 對貼」的教具。

3. 看誰所拿對的圖、字卡次數最多便是優勝。

範例 2：【做運動】

作法：1. 由老師先教唸歌詞和動作指導。

　　　2. 再配合音樂〈小星星〉做歌詞和動作的律動唱。

活動功能：1. 身體部位的辨認。

　　　　　2. 動作語詞的辨識。

　　　　　3. 肢體動作協調的訓練。

歌詞改編參考【自編】：

梳梳頭髮【手指彎曲做梳頭狀】，眨眼睛【雙手拇指和食指分別置於雙眼
　　　　旁做眨眼狀】，

捏捏鼻子【手捏鼻子】，拉耳朵【雙手拉雙耳】，

搓搓眉毛【雙手食指輕搓雙眉】，洗洗臉【雙手手指輕貼臉頰畫圈圈】，

張大嘴巴【雙手張開做嘴巴開合狀】，刷刷牙【一手插腰、一手握拳做刷
　　　　牙狀】，

摸摸肚子【雙掌交疊在肚子上畫圈圈】，減減肥【雙手握拳做跑步狀】，

拍拍肩膀【雙手輕拍肩膀】，扭扭腰【雙手插腰左右扭動】，

彎彎膝蓋【雙手放在膝蓋、雙腳微彎曲】，跳一跳【身體向上做跳躍狀】，

動動手指【雙手手指做曲張狀】，踢踢腳【雙手插腰做踢腳狀】，

拍拍屁股【雙掌輕拍屁股】，深呼吸【雙臂張開向外畫一個大圓】，

乾淨健康我第一【豎起右手拇指向前伸、豎起左手拇指向前伸、雙手交叉

於胸前後向外做展臂狀】。

教師亦可用節奏樂器，以數來實方式教唸，再加上動作。

相關注意事項

此處所提及的注意事項，部分可能在實例與製作說明時已做了提醒，這裡再特別歸納出幾個注意事項，是希望教師們在製作時，能儘量減少一些錯誤的發生，避免資源的浪費與節省製作時間。

1. **新產品的測試與修改**：在製作教材教具的初始，可先只做一份試用，畢竟想像和實際應用於學生的學習上，是有落差的，常會有需要再次修正的情況發生，所以只做一份教材試用，可避免資源的浪費。

2. **預留備份以救急**：為預防學生可能遺失部分教材教具的情形發生，造成一時無教具可用的情形，可事先預留一份備用教具以救急。

3. **教具間的互通性**：如前述固定圖卡一律為母面，字卡一律為子面的用意，即考慮到教具間的互通性，減少教具製作上金錢與時間的重複花費。

4. **安全性的考量**：任何的教學，一定是建立在安全的原則下進行，所以教具的製作自然要將安全因素納入，因此字卡四周要修邊便是基於安全的顧慮。

5. **積少成多**：在教材內容的取量上，一次先以3～4樣為主（當然可視學生的能力增加），但考慮到學生可能的投機因素，較不建議只選用2樣；而待學生之學習技能稍具時，可再增量至6～8樣。

6. **字體標楷化、排列垂直化**：標楷化是為幫助學生在初習階段，能有較正確的筆劃、字形的概念，待學生已完全熟識該字體後，再變化其他字體以增進其類化能力；另直式的呈現方式，亦是為了避免學生在初學時，易產生不知該由左而右或由右而左的困擾為考量，儘量以固定、易辨識的呈現方式，較能幫助學生在學習的初階，獲得較好的成效。

47

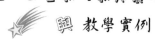

7. **去蕪存菁**：在教材的截取上，與學習內容無關的事物，不要同時呈現在同一張圖卡中，以避免造成學生注意力的干擾。如：當你要教學生認讀「蘋果」時，製作的圖卡中將只出現蘋果一種水果，旁邊不應摻雜其他的水果或物品。

8. **聽說讀寫能力的迷思**：在啟智班的教學中，筆者發現大部分學生們的聽、認讀能力常比說、寫能力來得好，而書寫的能力往往是最感困難的，因此在進行語文的教學過程中，如果既訂的階段教學內容，學生在聽、說、讀的學習已達通過標準時，縱使寫的能力無法跟上通過標準，我仍會繼續下一階段的教學內容，我寧可放慢書寫能力的學習，但不會因書寫能力的緩慢進展，去延誤到新的教學內容的進行。筆者以為聽、說、讀的能力要比寫的能力重要，而聽、說、讀的教學是可以和書寫的教學分開進行而無妨的，否則為遷就書寫能力而使教學內容一直停滯不前，偏偏書寫能力又是學生們的學習弱勢，結果不但影響到學生的學習興趣，也徒增教師和學生的挫敗感，相對我們能教給學生的內容也將少得可憐，可惜的是筆者確實發現到部分的教師仍會以普通教學所偏重的書寫能力表現來要求啟智班的學生，忽略了個別差異與適性的原則。

9. **教學進度表的運用**：設計一份符合自己教學所需的教學進度表，可幫助自己做為教學時的準備參考，還可錯開同組學生教材教具的使用時間，減少教具的需求與製作量，可幫助教師們省下不少的時間與資源。如附件十一～十六。

附件十一

每週教學進度表【蔡小君】

2.10	星期一	星期二	星期三	星期四	星期五
早自修	抄日期 唸課文	抄日期 唸課文	抄日期 唸課文	抄日期 唸課文	抄日期 唸課文
1 數學	數錢幣 1 【50 元】	比多少 【1-10】	加法練習 【1-10】	數錢幣 2 【50 元】	數字順序填空 【0-50】
2 語文	食物 1	身體 2	身體 1 水果 2 【複習】	食物 1	身體 2
3 休閒	音樂 （盧老師）	體育 （洪老師）	職業生活 （盧老師／洪老師） 每週輪流	體育 （盧老師）	音樂 （洪老師）
4 生活	認識日期 用餐 洗便當盒 刷牙洗臉	認識日期 用餐 洗便當盒 刷牙洗臉	認識日期 用餐 洗便當盒 刷牙洗臉	認識日期 用餐 洗便當盒 刷牙洗臉	認識日期 用餐 洗便當盒 刷牙洗臉
5	午休	午休	午休	午休	午休
6 語文	（聽）寫生字 看圖填詞	（聽）寫生字 看圖填詞			
7	～美勞～ 燈籠彩繪 捏塑陶製作 果凍膠蠟燭	～生活教育～ 職種介紹 選購食物 使用烤箱			
8	母親卡製作 生日賀卡製作 端午節香包製作	使用保鮮膜 使用手工具 消費場所介紹			
回家作業	1.數錢幣 1 2.食物 1 3.看圖填詞	1.比多少 2.身體 2 3.看圖填詞	1.加法練習 2.身體 1／水果 2 3.看圖填詞	1.數錢幣 2 2.食物 1 3.看圖填詞	1.數字順序填空 2.身體 2 3.看圖填詞

49

附件十二

每週教學進度表【葉小廷】

2.10	星期一	星期二	星期三	星期四	星期五
早自修	抄日期 唸課文	抄日期 唸課文	抄日期 唸課文	抄日期 唸課文	抄日期 唸課文
1 數學	錢幣數數看 【40元】	比多少 【數字1-5】	加法練習 【1-5】	錢幣寫寫看 【40元】	數字順序填空 【1-10】
2 語文	身體2	食物1	五官1 身體1 水果1-2 【複習】	身體2	食物1
3 休閒	音樂 （盧老師）	體育 （洪老師）	職業生活 （盧老師／洪老師） 每週輪流	體育 （盧老師）	音樂 （洪老師）
4 生活	認識日期 用餐 洗便當盒 刷牙洗臉	認識日期 用餐 洗便當盒 刷牙洗臉	認識日期 用餐 洗便當盒 刷牙洗臉	認識日期 用餐 洗便當盒 刷牙洗臉	認識日期 用餐 洗便當盒 刷牙洗臉
5	午休	午休	午休	午休	午休
6 語文	寫名字 【葉小廷】	寫生字 【大小上下】 【多少日月】			
7	～美勞～ 燈籠彩繪 捏塑陶製作 果凍膠蠟燭	～生活教育～ 職種介紹 選購食物 使用烤箱			
8	母親卡製作 生日賀卡製作 端午節香包製作	使用保鮮膜 使用手工具 消費場所介紹			
回家作業	1.錢幣數數看 2.身體2 3.寫名字	1.比多少 2.食物1 3.寫生字	1.加法練習 2.五官1 身體1 水果1-2	1.錢幣寫寫看 2.身體2	1.數字順序填空 2.食物1

附件十三

每週教學進度表【陳小芳】

2.10	星期一	星期二	星期三	星期四	星期五
早自修	抄日期 唸課文	抄日期 唸課文	抄日期 唸課文	抄日期 唸課文	抄日期 唸課文
1 數學	錢幣寫寫看 【40元】	比多少 【圖1-5】	加法練習 【1-5】	錢幣數數看 【40元】	數字順序填空 【1-10】
2 語文	食物1	身體2	五官1 身體1 水果1-2 【複習】	食物1	身體2
3 休閒	音樂 （盧老師）	體育 （洪老師）	職業生活 （盧老師／洪老師） 每週輪流	體育 （盧老師）	音樂 （洪老師）
4 生活	認識日期 用餐 洗便當盒 刷牙洗臉	認識日期 用餐 洗便當盒 刷牙洗臉	認識日期 用餐 洗便當盒 刷牙洗臉	認識日期 用餐 洗便當盒 刷牙洗臉	認識日期 用餐 洗便當盒 刷牙洗臉
5	午休	午休	午休	午休	午休
6 語文	（聽）寫生字	看圖填詞			
7	〜美勞〜 燈籠彩繪 捏塑陶製作 果凍膠蠟燭	〜生活教育〜 職種介紹 選購食物 使用烤箱			
8	母親卡製作 生日賀卡製作 端午節香包製作	使用保鮮膜 使用手工具 消費場所介紹			
回家作業	1.錢幣寫寫看 2.食物1 3.寫生字	1.比多少 2.身體2 3.看圖填詞	1.加法練習 2.五官1 身體1 水果1-2	1.錢幣數數看 2.食物1	1.數字順序填空 2.身體2

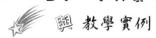

附件十四

每週教學進度表【羅小文】

2.10	星期一	星期二	星期三	星期四	星期五
早自修	抄日期 唸課文	抄日期 唸課文	抄日期 唸課文	抄日期 唸課文	抄日期 唸課文
1 數學	貼貼看 【數與量1-3】	數數看 【數與量1-3】	串串看 【花片3色】	貼貼看 【數與量1-3】	數數看 【數與量1-3】
2 語文	姓名順序貼 寫符號	找找看【姓名】 寫名字	寫名字 寫符號	姓名順序貼 寫名字	找找看【姓名】 寫符號
3 休閒	音樂 （盧老師）	體育 （洪老師）	職業生活 （盧老師／洪老師）每週輪流	體育 （盧老師）	音樂 （洪老師）
4 生活	認識日期 用餐 洗便當盒 刷牙洗臉	認識日期 用餐 洗便當盒 刷牙洗臉	認識日期 用餐 洗便當盒 刷牙洗臉	認識日期 用餐 洗便當盒 刷牙洗臉	認識日期 用餐 洗便當盒 刷牙洗臉
5	午休	午休	午休	午休	午休
6 語文	找找看 【姓名單字】	找找看 【姓名單字】			
7	～美勞～ 燈籠彩繪 捏塑陶製作 果凍膠蠟燭	～生活教育～ 職種介紹 選購食物 使用烤箱			
8	母親卡製作 生日賀卡製作 端午節香包製作	使用保鮮膜 使用手工具 消費場所介紹			
回家作業	1.貼貼看【1-3】 2.姓名順序貼 3.寫符號	1.數數看 【1-3】 2.找找看 【姓名】 3.寫名字	1.串串看【3色】 2.寫名字 3.寫符號	1.貼貼看 【1-3】 2.姓名順序貼 3.寫名字	1.數數看 【1-3】 2.找找看 【姓名】 3.寫符號

附件十五

陳小宇學校學習記錄表

	星期一	星期二	星期三	星期四	星期五
	形狀分類 4 種	顏色分類 2 種	形狀分類 4 種	顏色分類 2 種	鎖螺絲
聽音樂					
洗臉					
做作業					
如廁					
洗手					
吃飯					
備註					
家長簽章					
家庭記錄					

註

　　該生缺乏生活自理與表達的能力，且需完全一對一的個別指導，因此他的聯絡單和教學進度表的記錄均較細部而詳盡。除了每天固定的作業外，其餘的部分皆著重在日常生活自理能力的訓練，且因進步極緩慢，所以記錄表會做每天訓練情形的詳細記載，以做為學習進展的觀察與修正，也讓家長了解到我們教學的確實性。

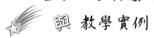
附件十六

每週教學進度表【團體】

第6週		星期一	星期二	星期三	星期四	星期五
早自修	蔡小君			抄日期 唸課文		
	陳小芳					
	葉小廷					
	羅小文					
	陳小宇			聽音樂（10分鐘）		
1 數學	蔡小君	數錢幣1【50元】	比多少【1-10】	加法練習【1-10】	數錢幣【50元】	數字順序填空【0-50】
	陳小芳	錢幣寫寫看【40元】	比多少【圖1-5】	加法練習【1-5】	錢幣數數看【40元】	數字順序填空【1-10】
	葉小廷	錢幣數數看【40元】	比多少【數字1-5】	加法練習【1-5】	錢幣寫寫看【40元】	數字順序填空【1-10】
	羅小文	貼貼看【數與量1-3】	數數看【數與量1-3】	串串看【花片3色】	貼貼看【數與量1-3】	數數看【數與量1-3】
	陳小宇	洗臉/形狀分類	洗臉/顏色分類	洗臉/形狀分類	洗臉/顏色分類	洗臉/鎖螺絲
2 語文	蔡小君	食物1	身體2	身體1水果2【複習】	食物1	身體2
	陳小芳	食物1	身體2	五官1身體1水果1-2	食物1	身體2
	葉小廷	身體2	食物1	五官1身體1水果1-2	身體2	食物1
	羅小文	姓名順序貼/寫符號	找找看【名字】/寫名字	寫名字/寫符號	姓名順序貼/寫名字	找找看【姓名】/寫符號
	陳小宇			如廁/洗手		
3 休閒	蔡小君	音樂	體育	職業生活	體育	音樂
	陳小芳					
	葉小廷					
	羅小文					
	陳小宇					
4 生活	蔡小君			認識日期/用餐 洗便當盒/刷牙洗臉		
	陳小芳					
	葉小廷					
	羅小文					
	陳小宇			洗手/準備餐具		
5				午休		
6 語文	蔡小君	（聽）寫生字 看圖填詞	（聽）寫生字 看圖填詞			
	陳小芳					
	葉小廷					
	羅小文					
	陳小宇	整理玩具	整理玩具			
7-8 休閒/生活	蔡小君	～美勞～ 燈籠彩繪 捏塑陶製作 果凍膠蠟燭 母親卡製作 生日賀卡製作 端午節香包製作	～生活教育～ 職種介紹 選購食物 使用烤箱 使用保鮮膜 使用手工具 消費場所介紹			
	陳小芳					
	葉小廷					
	羅小文					
	陳小宇					

54

第二章

教具管理

　　如何製作一份適用的教具固然重要，但如何管理收納種類繁多的教材教具，同樣是影響你教學效率的重要工作，能夠井然有序、分門別類地將教材教具列冊管理，絕對可以增進你教材取用的方便性與教學的效率，所以以下將對教具的管理部分，做幾點相關的說明：

教具規格化

　　儘量將同類的教具以相同的尺寸規格製作，並儘量單純化教具尺寸的種類（如：筆者通常將教具的尺寸固定在名片型、4 × 6 和 A4 的三種尺寸），對教師們在教具的收納管理上，是有極大幫助的，如下圖。

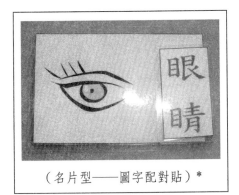

（名片型——圖字配對貼）*

（A4——語詞順序貼）

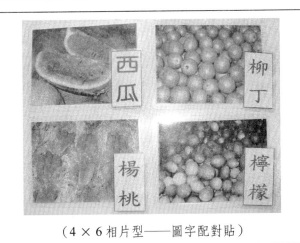

（4 × 6 相片型——圖字配對貼）

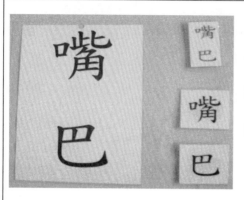

【說明】
1. 左邊的語詞字卡為平時上課用的語詞閃示卡。
2. 右上的藍色字卡為圖字配對貼作業時用的字卡。
3. 右下黑色的單字卡為語詞順序貼作業時用的字卡。

善用收納工具

　　如：個人工作櫃可做為學生一天中所使用到的教材教具和作業單的收納；A4 的夾鏈袋則可裝置學生的回家作業；四方格的收納盒可放置需分類的小型教具；風琴夾則可將教師的教材教具分類放置管理；活頁打孔機則可裝訂學生的學習單和 IEP（活頁打孔機比一般透明資料簿更具彈性，可隨時增刪，不用擔心頁數不夠或增刪後資料順序的排列，而且對 IEP 做評量時也不必再從資料袋中將紙張拿出，隨翻隨評，方便許多，是相當好用的裝冊收納工具），如下頁圖。

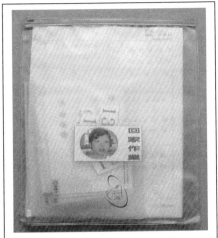

（A4 夾鏈資料袋）
裝回家作業很方便，也較不易弄丟。

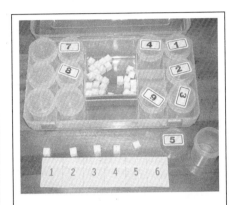

（藥品整理盒）
用來放置數與量的教具非常好用，
整組就是一盒數與量（數數看）的
數學作業盒。

（四格收納盒）
剛好分格放置未完成的組件和
組裝完成的作業成品，蓋上蓋
子就是一盒數與量（串串看）
的數學作業盒。

（個人工作櫃）用來收納學生一天中完成與未完成的個人教材教具和作業。*

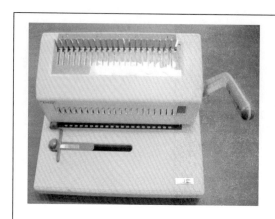

（活頁打孔機）

（IEP 資料冊）

分類收納、方便取用

　　分類收納、列冊管理的好處，可讓你清楚掌握自己製作的教材教具有哪些，增進教師教學設計與教具準備的效率，如下圖。

（大型夾鏈袋）

（中型夾鏈袋）

分類裝袋、標示清楚
管理 so easy。

（全冊目錄表）方便搜尋。

分層做好分類標示。

每一個風琴夾的首頁，製
作一張目錄表，更加一目
瞭然，節省搜尋的時間
（如附件十七、十八）。

分冊歸檔、取用超方便。

附件十七

自編教材教具目錄〔實用語文Ⅰ〕　洪梅花 編製

身體 1	肚子、胸部、腰部、膝蓋	
身體 2	屁股、舌頭、指甲、手指	
身體 3	脖子、肩膀、腳趾、背部	
身體 4	臉、頭、手、腿、腳、心	
五官	頭髮、眼睛、鼻子、耳朵、眉毛、嘴巴、牙齒	
顏色 1	紅色、橘色、黃色、綠色、藍色、紫色、黑色、白色	
顏色 2	咖啡色、金色、銀色、灰色	
日期天氣	今天、明天、昨天、晴天、陰天、雨天	
家人稱謂	爸爸、媽媽、爺爺、奶奶、哥哥、姐姐、妹妹、弟弟	
個人資料	姓名、生日、性別、電話、住址	
形狀 1	圓形、三角形、正方形、長方形、半圓形	
公共場所 1	客廳、廚房、餐廳、廁所、臥室、浴室	

附件十八

自編教材教具目錄（實用數學一）

編製　洪梅花

相同配對	數字 0～10	貼貼看	數與量一～五
相同配對	蛋糕	貼貼看	數與量六～十
關係配對	日常事物	比多少	圖 1～10
相同配對	形狀、顏色、大小	比多少	數字 1～10
貼　貼　看	數與量 1～5	一樣多	圖
貼　貼　看	數與量 6～10	找找看	數與量 1～10、一～十

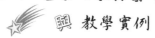
標示明確、方便搜尋

　　收納工具的明確標示（可以圖片、數字或文字），不僅能方便教師和學生的取用，還能增加學生辨認相關圖片、數字或文字的練習機會（當要請學生幫忙拿取某件物品時，可透過圖片、數字或文字的指示，幫助學生更快速且正確的找到指定的物品），如下圖。

每個收納籃皆標示內容物的圖片，方便學生自行歸類、整理，
維持教室空間的整齊。

學生個人的置物櫃皆貼上適合學生辨認能力的圖片或字卡，
方便學生管理自己的物品。

貼上數字、圖片、文字的收納櫃，方便學生的快速搜尋，
更製造學生對數字、圖片、文字辨認的練習機會。

▦ 以身作則、養成習慣

我們常藉由模仿而學習，所以如果教師本身有好的收納習慣，學生自然也較易養成良好的收納習慣，如下圖。

教師若能有好的收納習慣，能力好的學生在耳濡目染下，不但能協助
老師將教具歸位放好，同時也能養成個人良好的整理習慣。

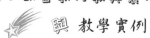

使用說明與指導

　　教具的製作是一件很費時費工的事，因此在使用每一項新教具之前，教師必須對學生或家長清楚說明正確的使用方法，甚至實際帶著學生示範使用，以避免學生因操作錯誤，而破壞了一份完好的教具。

貼上姓名、方便辨認

　　對於學生個別的教具，可貼上學生個人的姓名貼紙，以養成學生對自我物品保管的責任感和家長的重視態度，如下圖。

貼有學生個人姓名貼紙的教具，會讓學生對自己的教具具有相當的責任感，更方便老師對教具遺失時的追查。

當天檢查、當天追蹤

　　基於教師製作教具的辛苦、學生自我責任概念的建立與家長對教學的重視、配合，當學生交回的回家作業（教具）有所遺失時，教師需適時給予學生和家長提醒（可透過聯絡簿），共同建立良好的教具管理的責任感。

規則訂立與遵守

　　教師可透過 IEP 會議或親師座談會時，針對教學與教具的部分，和家長們共同討論，訂立出一套能為大家所接受的教具共同保管規則。

國小啟智教材教具製作 與 教學實例

第三章

教學實例

從事特教教學的老師們都知道，特殊班的學生並不是一個同質性很高的團體，相反的，班級中的每一個學生的個別間差異是極大的，再加上學生的個別內在差異，所以個別化教育計畫（IEP）是必須的。而除了針對每位學生設計個別的教學計畫外，其實對於教學方式的選擇應該也是同樣的重要，該採團體教學的方式，還是個別指導的模式進行？

因此在這個部分，筆者將以實際教學的特殊班級，介紹自身在國小啟智班教學時所實際採行的教學方式與班級的整體運作情形。當然，筆者必須再次的強調，每位教師所指導的學生特性不盡相同，適用的方式自然有異，相信對每一位教師和學生來說，應該沒有所謂最好的教學方式或方法，只要是能符合學生個人學習特性、助益學生學習的便應是可採行的、最合適的好方法了。而當自己的教學方式遇有瓶頸時，藉由他人經驗的分享，換個不同的方法嘗試，或許會有意想不到的突破，而筆者也希望透過自己的經驗分享，能對同樣從事國小啟智類特教教學工作的教師們，一些些或許不是最好但可能是未嘗試過的適合的可行方式。

因為在編輯此書時，才發現要說的東西很多也很雜，在歸類上可能造成重疊，所以除教材教具的製作外，其餘和特教班級的教學、行政工作有關的部分，皆納入了「教學實例」中，另立標題說明如下：

社區資源運用圖表

啟智學生學習的最終目的，無非是在實際社會生活的適應與融入，所以課程內容的實用與功能性，常是課程設計時的首要考量，而學生日常生活的社區環境，便是當下及未來最可能接觸也最需要適應的首要環境。因此，當老師在設計課程時，不妨先將社區環境中，所有可能運用的資源，皆納入考量，擬出一份社區資源配置圖與社區資源運用表（如附件十九、二十-1、二十-2），將有助教師教學目標的訂定與教學相關活動的配合運用。

附件十九 【社區資源配置圖】

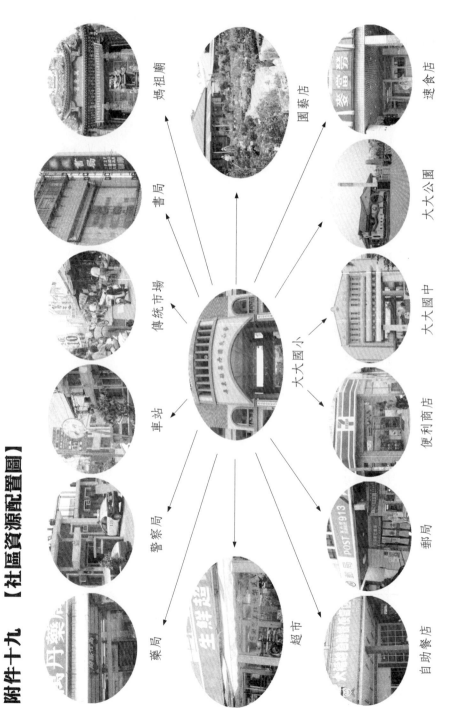

媽祖廟

書局

傳統市場

車站

警察局

藥局

超市

自助餐店

郵局

便利商店

大大國中

大大公園

速食店

園藝店

大大國小

附件二十-1 【社區資源運用表】

資源項目	運用範圍／領域／項目
藥 局	實用語文：日常藥品商標、服藥說明、社交會話、工作名稱 實用數學：金錢與消費 生活教育：疾病的認識與預防（常見疾病、藥品的使用）、危險物品的防範、病痛的照顧、意外事件的處理 社會適應：社區環境（消費場所、醫療機構）、社交會話 休閒教育：急救 職業生活：認識職種、工作內容、意外事故預防與處理
警察局	實用語文：工作的名稱 社會適應：法律概念、交通安全（迷路時會找警察幫忙）、社交會話 休閒教育：意外處理（報警） 職業生活：認識職種、工作內容
車 站	實用語文：交通工具名稱、工作名稱、站名、社交會話 實用數學：金錢與消費（公車投幣）、時間概念（時刻表） 社會適應：法律概念（排隊上車）、社區環境、交通工具、交通安全、交通運輸、社交會話 職業生活：認識職種、工作內容
傳統市場	實用語文：日常食物名稱、社交會話 實用數學：金錢與消費 生活教育：食物處理（認識、選購、準備、烹煮、保存食物） 社會適應：社區環境（消費場所）、社交會話 職業生活：認識職種、工作內容
書 局	實用語文：文具用品名稱、社交會話 實用數學：金錢與消費 社會適應：社區環境（消費場所）、社交會話 職業生活：認識職種、工作內容
媽祖廟	實用語文：節慶、活動、建築名稱 實用數學：認識日期、日曆的應用 社會適應：社區環境（公共設施）、認識節日、迎神廟會、宗教信仰、文化資產保護 休閒教育：美勞（繪畫）、活動中的安全、活動的內容
超 市	實用語文：日常用品、食物名稱、社交會話 實用數學：金錢與消費 生活教育：食物處理（認識、選購、準備、烹煮、保存食物） 社會適應：社區環境（消費場所）、社交會話 職業生活：認識職種、工作內容

〔資料參考：特殊教育學校（班）國民教育階段智能障礙類課程學習目標檢核手冊〕

附件二十-2 【社區資源運用表】

資源項目	運用範圍／領域／項目
園藝店	實用語文：植物、顏色名稱、社交會話 實用數學：金錢與消費 生活教育：休閒活動（種植花木） 社會適應：認識植物、植物的栽種、愛護植物、社區環境（消費場所） 休閒教育：美勞（繪畫、工藝）、園藝活動 職業生活：認識職種、工作內容、職業技能（農藝）
自助餐	實用語文：食物名稱、社交會話 實用數學：金錢與消費 生活教育：飲食能力與習慣 社會適應：餐飲禮儀、社區環境（消費場所）、社交會話 職業生活：認識職種、工作內容
郵局	實用語文：信件的書寫、社交會話 實用數學：金錢與消費 社會適應：社區環境（公共設施）、社交會話 職業生活：認識職種、工作內容
便利商店	實用語文：日常用品、食物名稱、社交會話 實用數學：金錢與消費 生活教育：食物處理（認識、選購、準備、烹煮、保存食物） 社會適應：社區環境（消費場所）、社交會話 職業生活：認識職種、工作內容
大大國中	實用語文：建築、機構名稱 轉銜服務：應屆畢業生的轉銜
大大公園	實用語文：休閒娛樂的動、名詞 生活教育：休閒活動 社會適應：社區環境（公共設施） 休閒教育：康樂活動（戶外活動）、安全須知、休閒設施
速食店	實用語文：速食名稱、社交會話 實用數學：金錢與消費 生活教育：飲食能力與習慣 社會適應：社區環境（消費場所）、社交會話 職業生活：認識職種、工作內容

〔資料參考：特殊教育學校（班）國民教育階段智能障礙類課程學習目標檢核手冊〕

一週大事

　　相較於普通班學生，特殊學生更需要藉由日課表或週課表的呈現，來告訴他們在學校中一天甚至是一週的活動內容是什麼？讓他們也能學會如何配合、管理自己的時間，更能適應未來可能接觸、面對的正常社會環境。

　　所以，為配合學生的能力與需求，我們所呈現的週課表是採圖文並茂的方式，因為圖像遠比文字具體，更能達到長期記憶的目的，幫助認讀能力弱學生的記憶；而對具備認讀能力的學生，則可透過圖像再次確定文字的意義，並更進一步提供反覆練習的機會，同時符合了具備與缺乏認讀能力學生的不同需求（範例如下）。

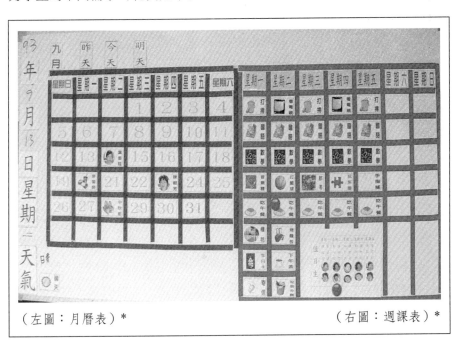

（左圖：月曆表）*　　　　　　　　　　　　　　（右圖：週課表）*

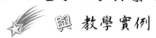

同一領域，會依實際上課內容的不同，而有不同的代表圖案。*

　　透過一份設計良好的週課表和月曆表與適當講解、運用，可以幫助學生對日期、節慶、相關教學活動的認知，增進社會適應的能力。所以，除了課表的設計內容適當外，老師可在一天教學活動的開始前，先對全班的學生做一天課程內容的說明、一週或當月重要節日和活動的預告與複習，在每天的例行講解中，透過學生實際參與活動的具體經驗和抽象的日期概念產生連結，具體化學生對日期的抽象概念的認知，增進學生對上午、下午、今天、明天、昨天、星期一～日、上個月、下個月……等的認識。這樣的方式遠比將日期單獨抽出進行教學要具體有效。如：當你告訴學生今天是星期一，所以明天是星期二、昨天是星期日或今天是 1 月 2 日，所以 1 月 1 日是昨天、1 月 3 日是明天，這樣的教學方式太過抽象，能變化的教學方式和內容也有限，不僅學生覺得枯燥、挫折，對老師亦是如此。

　　以下將以我們啟智班所使用的實例圖片做分享與說明（如附件二十一、二十二）：

附件二十一　【週課表說明】*

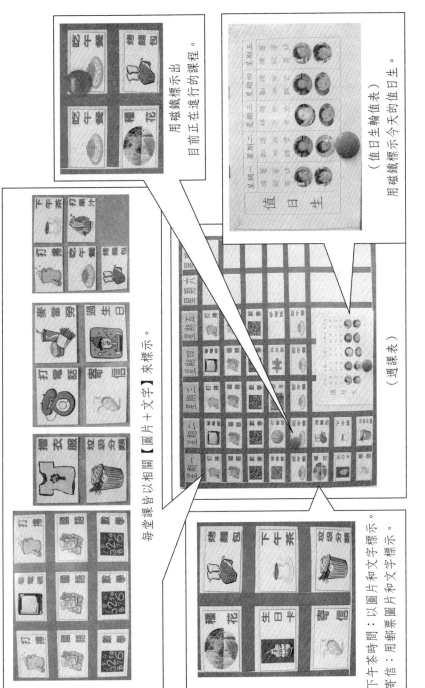

用磁鐵標示出
目前正在進行的課程。

（值日生輪值表）
用磁鐵標示今天的值日生。

每堂課皆以相關【圖片＋文字】來標示。

（週課表）

下午茶時間：以圖片和文字標示。
寄信：用郵票圖片和文字標示。

77

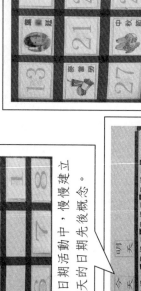

學生相片：表示該日為該生的生日。

中秋節圖片：表示該日為中秋節。

速食圖片：表示該日為麥當勞戶外教學。

在每天的認識日期活動中，慢慢建立昨、今、明天的日期先後概念。

（月曆表）藉由具體的活動，以圖卡、文字標示，加深學生對日期的認識。

附件二十二 【月曆表說明】*

由值日生標寫每天的日期。

晴天　陰天　雨天

標示當天天氣的圖卡。

【說明】

1. 所有的日期和課表圖、字卡，皆是利用軟性磁鐵貼附在白板上，所以是活動性，可以方便老師對課表的排定做彈性的調整；另對月曆表的部分，則可因應每月星期、日數的不同而更換。

2. 對於月曆表上日期的更換工作，便是老師訓練學生學習的好機會，初始帶著學生依桌曆表上的月曆做對應的排列，幾次後便可由學生自己更換。接著，便可由高組熟練的學生，帶著中組的學生一起做，讓低組學生由參與、模仿、修正的過程中逐漸了解相關的概念，甚至只是學會如何協助高組的同學拿遞卡片，也是一種值得被肯定的學習。

3. 我們都贊成對啟智班的學生而言，日常生活中自我照顧能力的具備，應是教學中重要的第一步，所以教師們在決定教學內容時，不一定只偏重在實用語文和實用數學的認知、認讀的教導。排入一些活動式的團體課程，這樣上課通常會較有變化、有趣味，所能涵蓋的領域也較多方面，不但能引起學生的高度興趣和參與，而且更能加深學生的印象，有助於日期概念的學習。如：我們課表中排入了買花與下午茶的活動，而這些活動總能帶來學生們的期待。

4. 當學生熟悉了日期的講解方式後，也可製造機會讓高組的學生充當小老師，由他帶領同學們認識本週的上課內容和當月的相關活動。

5. 與學生（或老師）本身相關的生日活動，也可納入教學活動中，讓同學們一起替壽星慶生。

6. 另外對於特教的評鑑活動或師院生的參觀、實習活動，我們也會納入課程表中，事先預告學生，讓學生們有心理準備，同時告訴學生們應該注意的事項。而只要有外賓的到訪，總能引起小朋友們的期待和興奮，所以小朋友們或許無法記起每星期固定到班上實習的實習生姓名，但卻知道他們會在固定的星期幾出現，所以小朋友們自己給他們一些星期三姐姐、星期一哥哥的代稱，這就是他們自有的一套學習方法。

7. 對於課表中圖文並茂的呈現部分，在初始時，我們是以六大領域的文字名稱做為圖片的說明（如下左圖），但因六大領域的名稱對學生而言太

過抽象，所以為配合小朋友的理解和學習，使週課表確實發揮教學的功用，經屏師楊碧桃教授的建議，我們依上課內容的不同，配上符合該課程內容的活動名稱（如下右圖），讓學生能透過實際課程體驗，更輕易地將文字和圖片做連結，達到真正的學習。

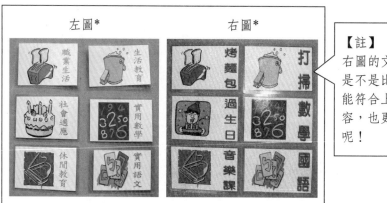

左圖*　　　　　　右圖*

職業生活　生活教育　烤麵包　打掃

社會適應　實用數學　過生日　數學

休閒教育　實用語文　音樂課　國語

【註】
右圖的文字標題是不是比左圖更能符合上課的內容，也更具體些呢！

一天的工作內容

　　相對於班級／團體的課表，學生們的個人工作櫃則是每個學生們當天所要完成的所有課程內容。因為除了團體的教學活動外，學生個別自我充分練習也是相當重要的，而且每個學生的能力各有差異，學習的進度和內容深淺亦有所不同，所以個別作業、個別指導的方式，一直是我們啟智班裡很重視、強調的一環。

　　學生藉由班級／團體課表中，到自己的工作櫃中拿出這堂課的作業並完成（如：實用語文的課，便取出貼有實用語文圖字的作業袋），老師們則可在學生作業的當中，視學生狀況和能力，給予適當的協助指導或訂正。如此學生便可依自己的能力，學到符合自己質、量的學習內容。

　　當然這樣一個教學、作業模式的建立與進行，在剛開始時，需要老師們付出較多的心力去教導和堅持，待學生們清楚整個作業模式後，對於後

來新進的新生，很容易便能在既定的團體規範與教學模式中進入狀況，老師自然也不必像帶領第一批新生般辛苦。而老師要注意的是：你必須在學生進入教室前，便將屬於學生們一天所要完成的學習、作業內容，全部準備就緒地放置在每個學生的工作櫃裡，所以老師可利用放學後的幾分鐘或早上第一節開始前的時間來做準備。而前面所提及的教學進度表，則可幫助你更有效率的準備教材教具和檢視學生的學習情形。

 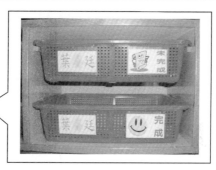

左圖：全班每個學生的個人工作櫃。
右圖：每層工作櫃中皆有每個學生未完成與完成的工作籃。
【說明】未完成籃中放有學生當天之所有學習且需完成的課程內容，待
　　　　學生完成某一項課程作業時，便自行將它放入完成籃中。*

個別作業流程圖示

1. 老師事先將學生一天中應完成的學習作業單，分別放入每個學生所屬的工作櫃中。

2.上課時間一到，學生便至自己的工作櫃中，由【未完成】的籃子中，
　取出自己該堂的學習作業內容。

3.學生拿取各自的作業後，便至指定的作業位置，開始各自完成自己的
　作業單。

 比較不受干擾或不干擾他人，且能專注作業的學生，可安排小組
　的作業座位（如下圖右）；相對較無法專注或會干擾他人作業的
　學生，則以單獨的個別座位為主（如上圖）。

4.當高組學生進行個別作業的同時，老師便可利用時間對低組學生進行一對一的個別指導。

5.當學生完成作業後或作業過程中，老師便針對作業錯誤的部分，適時的給予指導、訂正。

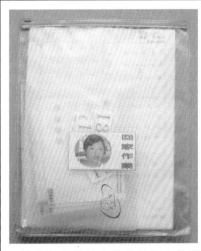

6.最後再將當日在學校的所有學習內容，做為當日的回家作業，讓學生回家再次練習，並請家長在家協助指導。

團體教學與個別指導

　　以筆者所教學的啟智班為例，因為學生的個別能力差異大（見附件二十三），若採團體教學方式，老師很難兼顧高低能力不同學生的需求，常有顧此失彼的為難；而團體教學與個別指導的教學方式又各有其優、劣之

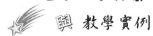
處（如團體教學具有同儕間互動學習的優點，但卻極可能造成能力低落學生的閒置、忽略；個別指導有時雖會造成同儕學習的機會減少，但卻更能符合不同能力學生的學習需求），因此對不同領域的課程，在嘗試過團體與個別指導兩種不同的教學方式後，我們就不同的領域，做了不同的教學方式的比重分配，以達到我們認為對班上學生較具學習效益的方式進行，讓學生能有團體教學中同儕學習的機會，又能達到符合個別能力差異的個別指導課程內容學習（見附件二十四）。

附件二十三　【學生現況能力概述】

學生	實用語文能力	實用數學能力	其他能力
蔡小君 肢障 智障中度 （高組）	聽的理解與說的表達能力佳；認讀能力與仿寫能力佳，屬高組學生。	具數與量概念（100以內）；具個位加法概念；會做錢幣組合（100以內）。	自我照顧、人際互動能力佳。
葉小廷 器染重度 威廉氏症 （中組）	聽的理解與說的表達能力佳；日常事物命名能力佳；認讀能力極弱；仿寫能力又較認讀能力弱，屬中組學生。	具數與量的概念（30以內），但常會將12、16、19、20、21、22、23、32、25、52等混淆；不具逆向數序與累加概念；能區分半具體事物的多與少（10以內）；會辨認不同的硬幣但不會錢幣組合。	自我照顧能力尚可，會主動如廁，但仍常有失禁的狀況；具極佳之人際互動與溝通能力。
陳小芳 癲癇 智障重度 （中組）	聽的理解與說的表達能力尚可；日常事物命名能力佳；認讀能力尚可；仿寫能力較認讀能力弱，屬中組學生。	具數與量的概念（10以內），但在進入11-20的教導時，便開始出現一位數與二位數混淆的現象；不具逆向數序與累加概念；不具多與少的概念；會辨認不同的硬幣但不會錢幣組合。	自我照顧能力佳，亦能自行處理生理問題；人際互動與溝通能力尚可，會主動協助同學與老師。
羅小文 智障重度 （低組）	聽的理解與說的表達能力極弱，且幾乎全以台語為主，國語的溝通相當困難，日常事物命名能力極弱；完全不具國字認讀能力（包括自己的姓名）；仿寫能力亦弱，僅能仿畫簡單的橫、直線條。	具數數前之技能，但不會數數，不具數與量的概念，唱數不穩定，亦不會辨識數字。	自我照顧能力弱，無法處理如廁問題（常有大小便失禁問題，且不會擦拭屁股）；人際互動與溝通能力弱；不具團體規範之概念。
陳小宇 自閉症 極重度 （極重組）	僅有無意義的自我刺激聲音，無任何口語表達能力；能理解少量日常生活的命令語詞，如：坐下、起來。	不具任何數與量、數數前技能之概念。	缺乏自我照顧能力，無法主動表達如廁需求，需老師定時訓練如廁，且無法自行穿脫衣褲；情緒不穩，常有情緒亢奮或失控尖叫之情況。

85

附件二十四 【領域與教學方式】

領　域	教學方式
實用語文	個別指導為主，團體教學為輔
實用數學	個別指導為主，團體教學為輔
生活教育	視當週或當月之教學內容而定
職業生活	視當週或當月之教學內容而定
休閒教育	團體教學為主，個別指導為輔
社會適應	團體教學為主，個別指導為輔

【說明】

1. 針對實用語文和實用數學的部分，當學生面對的是一項全新的課程內容時，我會在課程的前半階段，先採團體教學的方式進行，針對學習的內容大致講解練習過一遍後，後半階段便是依學生個別的能力水準，設計符合他們的學習、作業單，作業單的難度層次不一，操作的方式亦包含紙筆、操作……等不同方式，學生們便自工作櫃中各自取出自己的作業袋，展開個別作業的時間，老師也開始進行個別指導的工作。如此的模式在進行過 1～3 次後，便完全以個別作業的方式為主，直到每個學生完成該課程內容的學習為止，再推進下一個新的學習內容。

2. 至於能力根本無法融入團體教學的極重度學生，自然得針對他的需求，另外設計課程。所以，當一個老師同時帶有程度差異極大的學生時，便可利用其他學生個別作業的時間，對該極重度學生進行一對一的指導，否則如果全採團體教學，對於班上較重度的學生，可能會處於長期被忽略、學習停擺的狀態。

3. 如何才能讓學生安份地、主動地作業，好讓老師可以順利的進行個別指導，靠的便是一套有效的增強制度，增強的方式不限於獎勵，也包括了處罰，獎勵品也不限於物品的給予，戶外教學活動對於我們班的中、高

組學生,可是具有很好的增強效果的。所以善用增強制度可幫助老師建立起許多的班級規範,重點是老師要能找出學生真正的增強是什麼,而且要能堅持既定的原則,所以在剛開始的階段,老師會很辛苦是必然的,這也成就了筆者在午休時,可以一躺下,3 秒就入睡的傲人本領,一點也不輸給哆啦 A 夢裡的大雄呢!

從做中學

在面對特殊學生的教導過程中,我們不難發現,不論是老師或是家長,常會有剝奪孩子學習的情況發生,因為怕孩子做不好、怕收拾殘局更費時費力,更無法耐心等待孩子的「慢工細火」,所以取而代勞的衝動成了許多特教老師和家長的通病,殊不知眼前所省下的時間和力氣,日後可能要數倍去償還,而當你無法陪著學生、孩子到老時,誰要替他們代勞呢?特別是一些年輕的特教老師,我們都反對特教班是一個輕鬆、養老的聖地,所以我們應該有更多的時間和力氣去教導我們的學生學習。

其實在啟智班的好處之一,便是可以放慢你的步調、放低你的要求標準去教學(但可不是停滯不前或原地踏步),唯有如此,你才可能放心、放手讓孩子自己動手去做,孩子也才能真正的學習。所以舉凡班上資源回收、教室清潔、倒垃圾、抬菜桶、餐具清洗、送公文,甚至是影印資料的工作(筆者曾有位學生雖不會使用影印機,但一樣可以透過旁人的幫忙,正確的帶回了我要她影印的資料),我們會儘可能地習慣讓學生去做。

所以,偷懶一點的想法是:老師在辛苦的初階訓練之後,便可開始享受免去自己動手做的辛勞;而對學生的正向意義是:不放手讓學生嘗試,你永遠不知道學生的潛能極限到哪裡;對家長而言是:寧願辛苦一時,不要辛苦一世。筆者想這才是我們強調從做中學的目的。如下圖。

（拼地墊）　　　　　（洗餐具）　　　　　（擦櫃子）

（收拾玩具）　　　　（拖地板）　　　　　（抬菜桶）

回家作業的堅持

　　因為我們很辛苦的設計、製作各式的教材、教具，無非就是希望看到
孩子的進步，而孩子的學習進步與否，重要的關鍵不僅是在學校老師的身
上，家長也是關鍵之一，所以為了使我們精心設計的教材、教具，發揮最
大的教學效益、讓學生有充分練習的機會、家長也能負起共同分擔教導孩
子學習的責任，所以每天回家作業的指派，甚至是寒、暑假作業的給定，
成了我們老師共同的堅持。

　　透過這樣的一份回家作業，讓家長們實際了解孩子在學校的學習內容
與情形，也同時要求家長對老師教學的重視、對孩子學習的關心，這也成
了一項很好的親師溝通、意見交換的管道。

每個學生每天固定都有一份回家作業需完成，藉此培養學生與家長的責任感，製造學生更多重複練習的機會。

勤一定能補拙

　　這句話是否能適用於特殊學生，應視以何種角度來詮釋。筆者的解讀是：「老師的心勤一定能補學生的拙」，在用心的前提下，只要老師能勤於尋求適合學生的教學方法、教材教具，總能找到適合而有效的策略，修補學生原本拙於藉由一般方式呈現的潛能。倘若無心也只是瞎忙一場，浪費教師也浪費學生的時間。

　　因此勤能補拙對特殊學生在學習上的定義，必須是建立在教學方法符合學生學習特性的前提下，透過多次的練習，達成學生有效的學習。

家長也是我們的學生

　　除了學校教師的教學會影響到學生的學習成效外，家長的特教觀念與配合的態度，同樣是左右學生能否有效學習的重要因素。學生一天在校的時間不過 7～8 小時，而面對一個班級不只一個學生的情況下，老師們實際能均分給每位學生的教學時間是極有限的，學生絕大部分的時間幾乎都在家中活動，所以家中所能提供給學生學習的情境，是遠比學校更為真實而

89

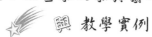

切合學生的學習需求,而扮演家中主要教學者的重要角色正是父母或主要照顧者。因此,老師們要如何確認家中主要照顧者觀念、態度的正確,以配合老師的教學,類化學生的學習,達到特殊教學的真正目的,也成了特教老師們在對學生進行教學外,另一重要的課題。

因為有前項「回家作業」的堅持,讓家長能直接、具體感受到老師們的用心,也明白老師在要求家長配合教學之前,已確實為學生的學習做了相當的準備、練習與指導,所以我們更有立場去要求家長的配合與付出,畢竟孩子多學一分,未來父母就能多一分的放心、少一分的心力負擔。

常常在學生交回的作業當中,我們看見了為人父母的辛勞,因為指導孩子作業確實是一件天人交戰的煎熬,所以為了孩子也為了父母著想,乾脆爸媽代為操刀,大家皆大歡喜。只是父母不加修飾的筆觸,常逃不過老師的法眼,此時,對學生訓誡一番是一定的;再則,與父母好好的溝通才是更重要的,一次、兩次、三次……不厭其煩地對家長耳提面命:「老師們辛苦地幫每個學生設計、準備回家作業,為的是讓學生能有機會多複習,早些學會,光靠在校的學習時間是不夠的,如果爸媽無法配合,那不就失去了我們老師原有的用意,這樣的回家作業便無意義可言,那我們也無再指派作業的必要,若因此而造成學習上的問題,便要由家長自己負起全責,莫又責怪老師們的不盡心……。」而大部分的家長在老師一而再的要求下,自己反而覺得不好意思,也不敢加以反駁,也都能有所改善,這是很值得欣慰的。幫得了一時,可幫得了一世?

又如,家長們曾為了學生要自己清洗午餐用具,而弄溼衣服的事,向我們要求他不想讓孩子清洗便當盒,請孩子將便當盒帶回家。面對這樣的要求,我們做出的決定是:在堅持學生自己清洗便當盒的原則下,針對會弄溼衣服一事,提出可令家長們接受的對策。於是,我們讓每個學生在清洗前,都穿上防水材質的圍裙,並多帶一套替換的衣服放在學校,萬一還是不小心弄溼了,就換上預備的乾淨衣服。這樣的處理方式還是讓家長很滿意地接受了。

講了這些例子,重點便是:對於較不具有正確觀念或過於愛子心切的

家長，老師們還是得堅持在專業的立場，以為學生好的立足點出發，把家長當成學生去教育他、與他溝通，所以老師們的學生有時還包括了家長，指的正是如此。

　　不過在溝通的過程當中，老師們還是得注意到「立場堅定、態度委婉」，才能達到我們所想要的結果。

家長也是需要被增強的

　　在教學與班級經營中，我們肯定也常強調增強策略的有效性，所以增強制度普遍使用於每個班級、每個學生的學習過程中，但我們卻容易忽略對學生家長的增強使用。

　　其實任何人都渴望、也都需要被適時適切的肯定與鼓勵，所以當家長努力為孩子的學習、教師的教學做出相當的協助與配合時，教師們別忘了善用您的增強策略與技巧，給家長適時的鼓勵增強吧！讓家長成為教師教學的重要助力而非阻力，讓親師間的互動氣氛更加融洽而良善，讓教師的教學過程更順暢而有效率（如：附件二十五）。

搭檔的默契培養與共識建立

　　一個班級在二位老師的共同經營下（一般特教班皆配置有二位特教老師），如果要能有和諧、愉快的班級氣氛，學生能有良好的團體規範與學習表現，二位老師們的默契建立、教學態度和理念的一致，就顯得非常重要。

　　筆者深覺自己很幸運的遇到一位很好的搭檔（盧佩婷老師，目前已調至嘉義市興安國小資源班服務），與盧老師的默契與共識的建立，也是經過四年的相處，一點一滴謀合而得。在相處上，我們互補了彼此個性上的優、缺點（筆者是比較吹毛求疵的完美主義兼潔癖的個性，盧老師則是大而化之、不重細節的個性，所以我們的相處因為盧老師的包容而融洽）；

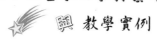

附件二十五

給家長的悄悄話

親愛的家長您好：

　　首先我真的要恭喜您，從您的孩子進入普通班，並接受資源班資源教學服務至今，我看到了○○老師、××老師為您們的孩子所營造的接納環境、同儕的關心與協助……等種種真心、努力的付出。當然，更重要的是家長您積極、配合參與的態度回饋，這些都是促使孩子學習進步的助力，需要您適時與教師們做良好的溝通，針對孩子的學習特性與能力，調整教學策略與目標，也幫助家長對孩子建立更切合的學習期望，共同給孩子一個快樂、有效且具功能性的學習環境。

　　從這個月開始，我試著讓＃＃與＊＊，自行由資源班走回自己的教室，剛開始＊＊尚不認識回教室的路，需由＃＃帶領，但經幾次的訓練後，我也發現了當＃＃請假時，＊＊亦能成功地自行回到教室，真是件令人高興的事。

　　在訓練的過程中，我仍會在＃＃與＊＊視線外跟隨，以撤除他們的依賴性，並確保他們回程中的安全問題，亦儘量在上課鐘響後，再讓他們回教室，以減少下課時因學生過多可能發生的碰撞。針對如此的訓練策略，若您有任何的建議，希望您能與我們溝通，另附上幾份研習的相關資料供您做參考，辛苦您了，加油！

家長的留言：

家長請簽名：＿＿＿＿＿＿

資源班導師

洪梅花　敬啟

×年×月×日

在教學上，截長補短了彼此的優、劣勢；在對外關係上，筆者若是態度強硬的黑臉角色，盧老師便是言行委婉的白臉角色。因為這樣的契合，才能營造出屬於我們自己的啟智班特色的教學模式，也獲致家長的普遍肯定。

舉例來說，當筆者有許多教材教具的新點子，希望能融合到休閒教育領域的音樂活動中，但受限於我是個音樂障礙者，這時便要藉助盧老師的音樂素養，為我所改編的歌詞、動作和挑選的曲子，透過盧老師的伴奏，教唱給學生。沒有孩子不喜歡歌唱，有琴聲的教學，孩子是有笑容的、是快樂的，筆者和盧老師的合作無間，成功地結合了不同領域的教學呈現，豐富了我們的教學方式，也趣味了學生的學習內容。如此的結果呈現，憑藉的正是搭檔間共識的建立與彼此的包容。

良好的搭檔關係、正向且一致的教學理念，可以事半功倍你的教學成效；相反的，不佳且負向的教學態度，將導致教學效益的倍減。所以，搭檔老師間的互動關係也是影響班級經營的重要因素，應該值得彼此共同努力，才能彼此受益。

我的校長是趴趴熊

因為要堅持「從做中學」的原則，所以老師們便得製造機會，讓學生能充分的練習。而為了讓我們的小朋友能透過情境教學，認識學校的地理位置、空間環境，減少他們可能在校園中迷路的機率、成就他們為老師服務的榮譽感（其實特教的學生們還是很愛主動幫老師做事的），當然也為老師帶來免除手足勞累的福利。以送公文或領取用具、資料的瑣事，便成了我們班上學生的重要任務之一囉……。

為了讓學生們不辱使命地完成任務，老師當然得在享受福利之前付出一些努力，協助學生們更容易達成目標。首先，各處室的辨認對識字有限或缺乏認讀能力的學生而言，真的很困難，所以替代方案是不可少的；因此，我們找了小朋友們日常常接觸且耳熟能詳的卡通人物做代表，拍下照片後，貼在各處室的門牌下，幫助學生們去記憶、辨認，而在訓練的初期，

老師還是得親自帶學生們實際做過一遍，然後再讓學生們自己做，老師偷偷跟在後面確認，最後才完全由學生自己完成。所以前階段的辛苦是必須的，一旦學生學會了，不僅學生有了成就感和自信，老師也同樣輕鬆許多。

而我們各處室的卡通人物代表如下：

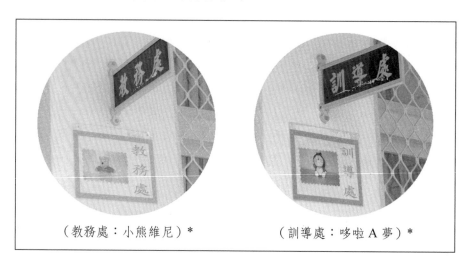

（教務處：小熊維尼）*　　　　　（訓導處：哆啦 A 夢）*

（校長處：趴趴熊）*　　（總務處：皮卡丘）*（訓導室：Hello Kitty）*

在訓練的過程中，我們也發現了小朋友的一些趣事，如：當校長、主任不在座位上時，小朋友會把公文資料又拿回來，回報老師：「老師，Kitty 貓主任不在家。」也增添了我們教學中的樂趣。又有一次，我們請小朋友將請購單送到總務處交給出納，結果出納收到請購單後，對小朋友說了一

94

句「OK」之後，小朋友從此便將出納稱為「OK老師」，日後再交待小朋友到出納處收發任何文件，就再也沒出過差錯了。瞧！這就是小朋友們特有的學習方法，且一旦學會了、記住了，就很難忘記了，這就是他們的優勢，不是嗎？

班級活動寫真

班級只要有活動，免不了會拍照存證，存證的照片，若只是一張張地塞進相簿裡，總顯得單調、乏味，如果可以透過美編，多幾道花邊、添個大剌剌的主題名稱、再加個文字說明，經過護貝的加工手續，一頁頁生動、活潑的班級主題活動寫真集，就這麼上架了。

一本經過編輯的班級活動寫真，不僅解決了相片分散、零亂的收納問題，還豐富、凸顯了相片的內容主題。我依據學年度，一年一本的班級活動寫真集，豐富記錄了我們每一年的每個活動，也是我們幾年來教學成果的點滴累積，一份很真實、沈甸甸的成就感盡在其中。

班級活動寫真開架式地陳列在家長圖書角，不僅成了學生課餘的最佳圖繪讀本，即便家長未親自參與班級活動，也可透過一本本的活動寫真，了解到老師教學規畫的用心、班級教學活動的目的和孩子參與活動的學習概況。如此的一本活動寫真，為親子和親師間做了良好的溝通媒介，也是老師們非常珍貴的教學檔案與評鑑資料之一，是不錯的一項作法（詳細內容請參考附錄三）。

（每一年的班級活動寫真冊）

（班級活動寫真內容）＊

學生個人成長日記

　　利用班級活動寫真所剩餘的活動照片，依學生的特寫鏡頭，物盡其用地做為學生個人成長的記錄素材。逗趣的旁白配上簡單的美編，每個學生都有了最獨特的個人寫真本，很有紀念價值的。

　　當初會有這樣的想法，是認為每個學生，都是父母心中最寶貝的寶貝，我很想為學生們在小學六年的成長歲月裡，留下一些可以讓學生和家長回憶的片段；而且普通班的學生可以有畢業紀念冊，為什麼我們啟智班的學生沒有。普通班的畢業紀念冊裡，每個學生的鏡頭可能只有一個，那我們啟智班的學生就做一本貫穿1～6年級，個人獨有的紀念冊好了。所以，學生的成長寫真裡，依他們從入班的 1 年級新生模樣，依序記憶到懂事的 6 年級生。筆者也以為這就是附送給學生和家長最好的畢業禮物之一了。

　　而這樣的個人成長寫真，也成了學生們下課時，最愛翻閱的書本，看完了自己的，再拿別人的看，三、兩個學生擠在一起，看得七嘴八舌、津津有味，還夾雜笑聲的樣子，筆者就覺得當初的想法是對的；更神奇的是，

他們都能清楚說出照片的相關活動內容，筆者更覺得自己的辛苦是值得的（因為照片的編排和旁白，都是很瑣碎、很絞盡腦汁的事）。

　　所以，如果老師們覺得你們的時間是允許的，這應該也是個不錯的參考，因為多餘的照片不用，常會被我們當成垃圾，隨意放置，但如果能用對地方，它就是有用的教學資源。

（學生個人寫真專冊）

（學生個人寫真內容）*
所有與學生有關之活動相片，從
1～6 年級皆彙編在此專冊中，用
以記錄學生小學階段的成長點滴，
也是最特別的一本畢業紀念冊！

親師溝通記錄表

　　除了記載每天的回家作業與注意事項的家庭學校聯絡簿外，針對學生特殊的學習情形，而與家長有所溝通時，溝通的內容便可利用親師溝通記

錄表做書面的摘要處理。這樣的工作雖然瑣碎繁雜，但確實有助於自己教學與評鑑資料的建立，而且日後交接的老師，也能透過這樣的書面資料，快速掌握學生的學習問題所在及家長的相關教養態度（如附件二十六）。

家長圖書角

　　成立家長圖書角的初衷，是想讓一本書的利用價值能發揮到最大的經濟效益（就是讓更多的人去翻閱它），所以便將自己所有與特殊教育相關的書籍帶至學校，結合學校定期收到的期刊、影片和研習所得的資料，闢了一個角落書櫃，成為家長圖書角，供所有的家長借閱，當然學校普通班教師若有需要，我們亦開放借閱。

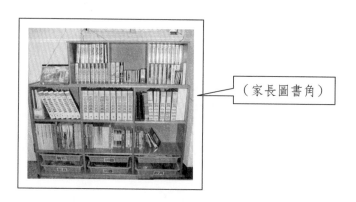

（家長圖書角）

特教小站

　　其實這個想法也是經由參考他校（高雄市左營國小）的作法而來，因為深覺一個特教班級的經營，除了班級內的教學外，若想要將特教學生的學習與活動範圍擴大，提供他們更真實且多樣的情境去類化他們的學習，而更為一般人所了解與接受，便得跨出侷限的特教班教室。

附件二十六　親師溝通記錄表

時　　　間	90.04.17	記錄者	洪老師
導　　　師	洪老師	對　象	語言治療師
溝通事宜	小李發音的練習		
內容摘要			

【治療師】

1. 小李在發音方面，對於送氣ㄆ的發音會以不送氣的ㄅ來替代，而因他的名字當中剛好有ㄆ的音，所以我想可先從他的名字及溝通板發音練習的ㄆ的板面給他做練習。

2. 小李的媽媽如果時間允許，可請她星期二早上到學校和小李一起上語言治療課程，如此可幫助她知道如何在家亦配合我們在學校的語言治療課程。

【老師】

1. 那我們就將小李這部分的語言治療課程併入 IEP 的課程內容。

2. 小李的媽媽應可配合一起上語言治療課程，我會轉達她並請她一起參與下一次的治療課程。

　　相對於教師而言，學校特教觀念的普遍與否，不但影響到學校特教班老師的相關教學（如：回歸、融合教育的推動），正確且接納的特教態度，更是相關教學活動成敗的關鍵。

　　在特教班學生跨出特教教室之前，接納、包容與鼓勵的校園，甚至是社區環境是必須的，這樣的環境有賴於正確特教觀念的具備，所以特教觀念的宣導應是特教老師著手的第一步。

　　特教小站的成立，便是我們推動特教觀念、期待特教與普通有所互動交流的媒介。透過一方小小的佈告園地，定期介紹特教相關的資訊（如：本校啟智班的學生及教師介紹、障礙類別介紹、特教名詞解釋與家長教養問題……等等），並藉由佈告的資訊內容，定期舉辦有獎徵答活動，吸引普通班的學生能走進特教班、真正接觸到特教班的學生，而不是躲在特教班門外或窗外，用好奇的眼光看著我們的學生，直說「哎唷……好可怕

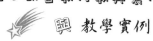

喔！」、「不要和他在一起，他是特教班的……」。筆者想只要普通班的學生不再害怕與特教班的學生接觸，我們成立特教小站的目的就達成了。另普通班的家長或教師，在接送等待孩子或偶然經過特教小站時，佇足瀏覽佈告內容時，也接收到了或多或少的特教訊息，不也達到了我們特教觀念宣導的目的了。

我們曾在特教小站成立的第一及二期中，介紹了特教班的成員，並舉辦了「特教寶貝」的票選活動，普通班學生必須進到特教班，與小朋友實際的接觸，才能知道特教小朋友的姓名，也才能票選出自己心中的「特教寶貝」，普通班小朋友的反應還挺熱烈的，票選的結果也出乎大人角度的意料之外。而且透過小朋友的答案，我們也才更了解小朋友對特教的想法，這樣的一個互動交流的園地，確實增進了特教與普通互觸的機會。

（特教小站──特教訊息）

（特教小站──有獎徵答）

故事小館

這是個尚未付諸實現的構想，事實上是「特教小站」與「家長圖書角」的結合與延伸，以更主動、積極的方式，為特教班做「市場行銷」，讓更多人注意到特教班、了解到特教班，而能更接納、包容特教班。而這也是在大家為特教班付出關愛的同時，特教班對學校普通班的一種回饋吧！

故事小館的實行可分兩個方式來推行：

1. 利用「家長圖書角」裡的兒童繪本、圖書，選定好要進行繪本故事的年級和班級，與普通班導師約好適合的時間（如：彈性時間、綜合活動或早自修），到普通班級進行繪本故事的聽講活動，你可以挑個能力較好的啟智班學生當書僮，在你講故事的時候，為你拿好繪本，或聽你的指示，按序為繪本翻頁。

　　挑選的繪本，可以一般學生在日常生活中較常切身面臨的問題（如：單親、壞脾氣、怕黑……等問題）、或與特教相關的內容來進行（如：如何和班上較為特殊的同學相處、要怎樣才能幫助特殊的學生），重點是在於透過繪本的故事聽講，讓普通的學生對特殊的學生能有多一點的認識、學習如何去面對特殊的同學、接納與包容他們，甚至是該如何去協助他們、與他們相處，而不是懵懂無知地取笑、排拒他們。

　　至於說故事的技巧與經驗，當然得看老師個人天份與臨場反應囉！

2. 每週選一天，在固定某一堂的下課時間，於特教班的教室門口，擺設「出借故事」攤位，開放特教班級內圖書、繪本的出借，如同一個小小圖書館的運作概念。而一些簡單的書本歸位、戳章……等的工作，便可利用機會讓特教班的學生幫忙，藉機訓練特教班學生的工作能力，也製造更多普通學生與特教學生彼此互動的機會。

綜合活動

　　其實我們在經營一個啟智班級時，便不想將學生的學習和老師的教學內容限定的太過死板，每一節課都要完完全全照著課表上，相反的，我們大概會以 1～2 週一次的方式，進行師生一起動手做的活動，沒有一定要達成的教學目標，只希望在活動中，視學生的能力，分配能力相對的工作內容，大家一起動手做，或許老師動手的部分會較多，但至少不會有一定目標要達成和評量的壓力，活動的過程中，學生和老師的心情是比較輕鬆的，氣氛也是比較快樂的，就像普通班有時也會在課程結束的尾聲，舉辦同樂會或烤肉活動一樣。

101

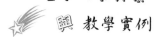

　　我們曾將整個學期的綜合活動，設計成一系列的動手做點心的內容，藉由實習生的技術指導、部分家長的材料與器具的提供，進行了一學期的色、香、味俱全的烘焙綜合活動課。而我們的招牌點心（南瓜蛋糕），也曾在學校的特教研習活動中，由特教班的小朋友義賣，意外受到研習老師的捧場呢！為我們賺了小小一筆的班費收入唷……（不過，這樣的活動作法，還是得經學校行政單位的同意，畢竟每個學校的規定不同，以免引起不必要的困擾）。

　　配合上述的綜合活動，我們也固定在星期二的下午，安排了一節下午茶的時間，讓小朋友可以品嚐上午所製作的蛋糕、餅乾，這也成了小朋友們很期待的一門課。大家依分配內容，進行桌椅排列、分發餅乾、沖洗茶具、泡茶的工作，或是加入小主人小客人的角色扮演活動，進行比較趣味、動態的學習活動。

（下午茶時間——分發點心）

（下午茶時間——泡茶）

（下午茶時間——享受美食）

　　藉由具體、趣味的活動內容，結合週課表的呈現，學生能更容易地將下午茶活動與星期二做連結，在每天的課表與日期的講解過程，更進一步與今天、明天、昨天等抽象概念做連結，有助於學生對日期的認知學習。

SHOPPING 時間

　　對特教班的老師來說，更需要利用空閒的時間去逛逛街，為什麼？因為在逛街的時候，你有更多的機會接觸到流行、新的事物，而這些事物便很有可能成為你教學的內容，豐富你的教材呈現、趣味你的教具製作，如此你的教學才不會很枯燥、無味，而這也是讓我對特教教學與教材教具樂此不疲的最大誘因吧！每次有新的教學點子和教具製作完成時，只要發現它能吸引學生的目光、引起學生操作學習的興趣，心中滿是成就的感覺是很棒的一件事ㄋㄟ！試舉幾個實例如下：

1. 蛋糕店裡常會有一些精美的產品目錄可供顧客索取，印刷精美的蛋糕圖片，便可用來做相同配對的圖卡、圖字配對的圖卡或課表和月曆表上慶生活動的圖示圖卡。

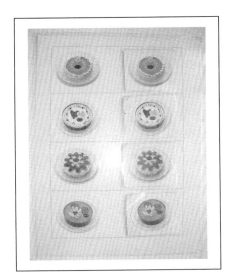

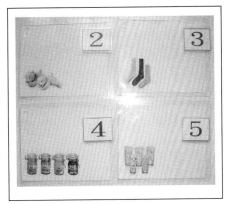

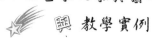

2.超市、大賣場或百貨公司的廣告 DM，產品種類繁多，亦可用來做實用語文上食物、日常用品的認讀教學；而印有價格的圖案，便可剪下做實用數學上的錢幣教學；結合實用語文和實用數學的教學內容，便可進行生活教育和社會適應中的購物活動。

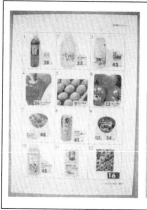

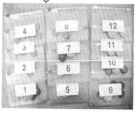

依題目卡將正確金額，數入相對的題號夾鏈袋中。

或直接依袋中題卡金額，放入正確的錢數。

3.常逛文具店，便可了解現在的小朋友流行什麼，特教班的小朋友也是會跟隨流行的，卡通人物便是最顯而易見的。所以老師在選擇增強物時，便可將此納入考量，讓增強物確能達到效果。而應用在教具製作方面（如：利用卡通人物貼紙，製作數與量配對的圖卡），則能達到維持教具新鮮感、吸引小朋友注意力的效果。

4.對戶外教學活動地點的選擇，也不妨利用外出時，多多注意。像我們就曾於暑假期間，和學生、家長、實習老師，共同舉辦了 2 天 1 夜的台南白河的蓮花之旅，對我們每一個人而言，都是一次美好而難忘的經驗。不過舉辦戶外教學活動時，一定要確認協助人手的充足與學生安全的問題，因為學生的安全，是我們在從事任何教學活動前，首要考量的最重要因素。

（台南白河之旅剪影）

因此，下次逛街時，不妨多留意一下，相信你會有不少的收穫。

上網時間

拜網路之賜，讓我們可以不出門，也能搜尋教學相關訊息。目前許多書店皆有成立網路書店，可依分類搜尋書籍，在首頁中也常有一些新書訊的廣告行銷；另外許多幼教的電視節目，也相繼成立網站，提供相關的產品訊息，甚至還不定期免費提供學校單位索取教學教材，這些都是老師可以善加利用的寶貴資源。

【水果奶奶】──發行許多律動的節目 DV，可應用於休閒教育中；另外

還提供學校教師免費索取每一季新發行的影帶,只需付上 100 元左右的郵資費用。

【網路書店】——當老師沒有多餘的時間出門搜尋資訊時,上網路書店搜尋是個省時又省力的替代方案,我也常在上面發現許多不錯的圖書繪本和教材教具,如:信誼、博客來……等網路書店。另也可加入他們的會員,訂閱電子報,一旦有新的產品訊息或教育講座,他們便能立即發出訊息給你。

【他山之石】——許多學校或特殊教育相關單位,皆設有特教的網站,不定時的提供各種特教訊息:特教問與答、教材教具的分享、研習資訊……等有價值的參考訊息,是頗值得教師們利用的管道資源之一唷!

資源回收高手

啟智班老師當久了,都會發現有一個共同的職業病——資源回收。回收的範圍從普通班的教具回收、家中的廣告 DM、物品包裝盒、使用過的信封和郵票、不同商店的發票(如:麥當勞、家樂福、加油站……)、名片、電話卡……等等。總覺一定會用得到,所以便捨不得丟,也因此容易囤積過多的資源垃圾,因此,老師的分類、篩選功夫也不可少,否則雜亂無章的回收,不僅無法廢物利用,更會影響到教學環境的整潔與教學的品質。

由普通班所回收的彩色花片、彩色積木、彩色幾何板，可做為數與量、
顏色和形狀分類與認知的教具，經濟又實用。

回收的香皂紙盒，貼上不同的顏色膠帶後，便可做為顏色、形狀配對的
教具，非常適合精細動作或抓握、認知能力較弱的學生。

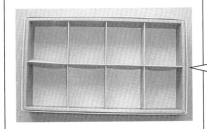

在做紙盒的回收利用時，最好是以
外型方正的盒子為主（圓形的較占
空間，不好放置整齊），因為比較
好收藏；內部的格層最好具有統一
的規格性，因為大小不一的格層，
非常不好利用。

用畢的餅乾盒、香皂盒，皆可
當作分類或數與量的工具盒，
經濟環保又相當方便。

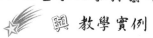
評鑑同時搞定

　　正因為平時就累積了許多的教材教具、行政相關資料,所以在面對評鑑時,並不需要額外準備資料,或另外設計課程,一切的作息便如平時般進行。

　　唯一需注意的是相關資料的彙整分類、裝訂成冊,所以老師們便要善用分類裝冊的收納工具,除了前面所提到有關教材教具的夾鏈袋、四格收納盒和風琴夾外,以下的資料可利用活頁打孔機、膠卷和膠片,附上標題封面,分門別類的自成一冊,將會顯得較有系統,也較能符合評鑑項目的要求:

*

1. 學習、作業單:學生平時練習用的學習、作業單,因為整學年的數量可能過多,所以可在接近評鑑的幾個月開始蒐集,再依學生或科目分類訂成一冊。

2. IEP 會議記錄表:累積每學期所召開之 IEP 會議記錄的正本,包含參加人員簽到表、會議內容記錄、提供家長參考之相關特教資料……等,成為一本 IEP 會議專冊資料。IEP 會議記錄的影本,則可附於每位學生的

IEP 中，以供家長參考。

3. 學生個人 IEP：利用活頁打孔機來裝訂 IEP 的最大好處在於資料的增刪容易、頁次前後的順序變更方便、評量時的翻閱更順手，無需由資料袋中一張張抽出後再歸位，是極具效率與方便性的資料存取方式。

4. 戶外教學計畫：對於每次戶外教學所提出的實施計畫、戶外教學的活動內容和目的，及其他所有相關之資料，亦可蒐集成冊。

5. 特教小站專刊：我們曾將特教小站所刊登的每一期訊息內容、有獎徵答……等相關實施計畫（如附件二十七）與活動資料，彙整成一本特教小站的專屬成果集。

6. 故事小館：如果有進行故事小館的活動，所有相關之實施計畫與活動內容資料，亦可如法泡製成一本故事小館的專冊。

7. 親師溝通、家庭訪視記錄表：主要是老師與家長訪談的親師溝通記錄表、每學期例行的家庭訪視表等（如附件二十八）。

8. 融合教育記錄表：針對進行融合教育之學生，根據他們在普通班進行融合教育課程時的情形記錄（如附件二十九）。

　　有了以上如此豐富的教學活動與行政相關資料，評鑑的結果很難不讓人滿意的，而且只要平時一點一滴的累積，就不會有臨時加班趕工的壓力了。

（學習、作業單專冊）*

（IEP 會議記錄專冊）*

（戶外教學活動專冊）*

（特教小站專冊）*

（教學進度表專冊）*

（融合教育記錄專冊）*

（學生個人 IEP 專冊）*

（親師溝通、家訪記錄表）*

（花草種植觀察記錄表）

 註 能力佳的學生直接以文字記錄（左圖），能力弱的學生則以畫圈方式記錄（右圖）。

附件二十七

屏東縣中中國小八十九學年度「特教小站」活動實施計畫

壹、目的

一、增進一般學生、家長對身心障礙學生的認識與接納。

二、使一般學生、家長及教師在資訊的提供與活動的參與中，更了解校內啟智班的班級教學與經營。

三、提供校內學生、家長與教師特殊教育相關資訊的取得管道。

四、促進校內特殊教育觀念的推廣。

貳、實施要點

一、實施日期：九十年四月份起。

二、「特教小站」看板內容：由特教班教師以每一個月為一期，設計每月主題，提供主題相關資訊、舉辦相關活動。

三、有獎徵答活動：針對每月主題內容，由特教班教師設計問卷，鼓勵全校學生共同參與徵答活動，並由答對者中抽出 5 名，發予獎品，以茲獎勵。

參、經費

一、佈置費用：由特教班經費支出。

二、獎勵品費用：由特教班經費支出。

肆、本辦法經校長核准後公佈實施，修正時亦同。

校長：　　　　輔導主任：　　　　承辦人：

中　華　民　國　九　十　年　四　月　六　日　　111

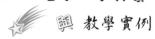
附件二十八

三年九班家庭訪視記錄表

訪視教師	洪老師	訪視記錄	洪老師
受訪學生	小小	訪視日期	92.04.09
受 訪 者	張媽媽	與學生關係	母子
訪視事由	了解學生由寄養家庭回至自己家中的適應情形		

- **前言**：小小上學期因本身家庭問題而被家扶中心轉介至寄養家庭，並轉學至屏東市中中國小就讀，而於下學期時經社工人員的評估，回到自己的家中生活，也轉學回大大國小就讀，故為了解小小在家中的生活適應狀況，特於開學一段時間後，對其家庭進行實地的訪視與了解，以確定小小在家中的情形一切良好。

- **母親接送上下學的問題**：每到放學的時間，小小總是慌張、快速地用完午餐，急忙地收拾書包趕至校門口，常無法依教師的要求完成協助掃地、拖地的工作，教師以為是母親要求小小用餐完畢要快速至校門等候母親接送，因此而與小小媽媽溝通，希望小小媽媽不要太早到校接小小，讓小小能以一般正常速度用餐完畢，並協助處理一些清潔的工作，小小媽媽亦同意全天課時下午 4：00、半天課時中午 12：00 到校接小小，以避免小小過度的緊張和媽媽過長的等候時間。

- **小小就寢的相關問題**：小小今年已是四年級的學生，但晚上在家是與父親共同就寢，為避免一些問題的發生，社工與教師皆認為有與小小媽媽溝通之必要。而在與小小媽媽談及該話題時，媽媽亦認為小小與父親共寢一室不適當，並表示會儘量避免此種情形。

- **小小祖母的怪異行為問題**：小小的奶奶因患有精神方面的疾病，常對小小及媽媽一家人有不合常理的行為舉止，如：常在晚上 11、12 點前往小小家中與小小家人爭吵，而驚嚇到小孩。如果小小奶奶再有違反規定到校看視小小的情形，為維護小小的安全，小小媽媽將會再次申請保護令，以確實限制小小奶奶的不當行為，因此小小媽媽亦請求教師能配合注意此種情形，以告知小小媽媽做適當的處置。

附件二十九

融合教育學生觀察記錄表

學生姓名	蔡小君	就讀年級	四年級
就讀班級	三年九班	融合班級	一年六班
融合科目	音樂	上課日期	92.05.14

課程參與度	對課程的參與度和配合度一向都很高，特別是該融合課程，因接觸的是不同於平時的人事物，所以對於一週或數週才有一次的融合課程，小君一向都很喜歡也很期待。
課堂情緒表現	因不是第一次參與融合課程，所以在適應上沒有什麼問題，課堂的情緒表現也很自然大方。
與班上同學之互動情形	融合教師將特殊班學生的位置安排在普通班學生旁，每一位特殊班學生身旁皆有一位普通班的學生協助課程的進行，增進了彼此間互動的機會，相處也顯得和諧融洽。
特殊行為表現	無。

特教班導師簽章	融合班教師簽章	學生家長簽章

家長留言板	導師留言板
	上學期因普通班實施九年一貫課程後，音樂課的時間並不固定，以致在課程上較難配合，但經與該融合班教師討論後，融合班教師亦同意在生活領域的音樂活動部分，繼續提供特教班學生融合教育的機會，因此至學期末為止，學生應至少還有三次參與普通班音樂課的融合活動。

113

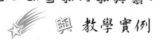

【相關產品廠商資訊】

非常好色 5.0

力新國際科技股份有限公司

聯絡地址：115 台北市南港區三重路 19-3 號 3 樓

聯絡電話：02-26551234

公司網址：www.newsoft.com.tw

電子信箱：support@newsoft.com.tw

【圖書、繪本、影片分享】

1. 《創意的遊戲書 1-5》（五味太郎）

2. 《我的創意畫冊》（五味太郎）

3. 《語言圖鑑 1-3》（五味太郎）

4. 《小圖和小言》（信誼出版社）

5. 《不是我的錯》（和英出版社）

6. 《好好愛阿迪》（和英出版社）

7. 《點》（和英出版社）

8. 《珊珊》（上誼出版社）

9. 《魔數小子繪本 1-5》（遠流出版社）

10. 《我的妹妹聽不見》（遠流出版社）

11. 《我的姐姐不一樣》（遠流出版社）

12. 《威廉的洋娃娃》（遠流出版社）

13. 《心靈成長小學系列繪本》（艾閣萌全美出版社）

14. 《夢想的翅膀》（格林出版社）

15. 阿羅有枝彩色筆 VCD（上誼出版社）

16. 阿羅的童話國 VCD（上誼出版社）

17. 阿羅的房間要掛畫 VCD（上誼出版社）

18. 字的童話系列、我的感覺系列、怎麼辦系列（天下雜誌出版）

19. 行政院文建會兒童文化館（http://www.cca.gov.tw）

20. 天下童書館（http://www.cwbook.com.tw/reader/kids/）

21. 網路電影院（http://cyvideo.cy.edu.tw/boardl/）

22. 昌爸工作坊（http://www.mathland.idv.tw/）

23. 尤怪之家（http://www.shes.hcc.edu.tw/~oddest/）

24. 魔術朋友（http://www.tacocity.com.tw/mmm/）

【參考書目】

吳新華（民 82）。《數與計算的啟蒙》。台北：五南。

傅秀媚（民 87）。《特殊幼兒教材教法》。台北：五南。

林嘉綏、李丹玲（民 88）。《幼兒數學教材教法》。台北：五南。

教育部（民 83）。《啟智班國語文教材第四冊》。台北：台灣書店。

教育部（民 92）。《特殊教育學校（班）國民教育階段智能障礙類課程學習目標檢核手冊》。台北：教育部。

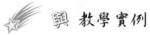

附錄一 　【綜合／教學活動剪輯】

（融合教育——音樂課）

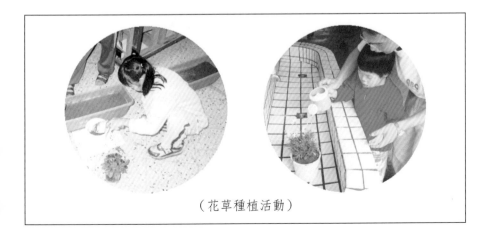

（花草種植活動）

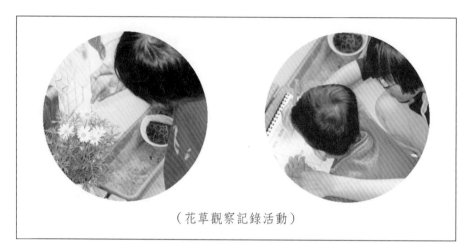

（花草觀察記錄活動）

（做卡片）

（買郵票）

（寄卡片）

（做餅乾）

（打果汁）

（做鬆餅）

（包水餃）

（搓湯圓）

（做月餅）

（票選模範兒童）

（下午茶）

（園遊會）

（買花）

（付款）

（抄寫日期）

（每天例行的認識日期）

（動手做生日卡）

（完成生日卡）

（送生日卡給壽星）

（壽星許願囉）

（自編多媒體教學運用）

休閒教育

（玩拼圖）　　　　　　　　　　　　（玩電腦）

所使用為自製改良式撲克牌*

（玩撲克牌）

附錄二 【戶外教學活動剪輯】

（盡興玩具城）

（賞玩花卉展）

（探索科工館）

（悠遊海生館）

（品味麥當勞）

（快樂火車行）

附錄三 【班級教學活動寫真彙編】*

活動名稱：九十學年度身心障礙學生才藝表演

活動功能／目的：

透過活動的舉辦，激發身心障礙
學生的潛能，給予發揮的舞台，
以鼓勵其向上的勇氣，肯定其努
力成果的呈現。

梅花 編製

活動名稱：八十九學年度身心障礙班評鑑

活動功能／目的：

*實際了解各校啟智班的班級經營、教學情況、
行政支援系統的運作 ...等。

*藉由評選制度，確保各校啟智班的教師教學
與學生受教之品質。

*喚起學校主管單位對身心障礙班級的重視。

*針對評鑑結果，給予受評學校適當的肯定或
提供有待改善之具體建議。

梅花 編製

活動名稱：實用數學和語文～考考你

活動功能／目的：

* 了解學生的學習情形。
* 了解教師的教學內容與方式。
* 檢測教師教學計畫與實際教
  學的情形。
* 幫助非特教班教師或行政人
  員對特教教學方式、內容和
  和學生學習特性的了解。

梅花 編製

活動名稱：綜合教育～運動會才藝大會串

活動功能／目的：

* 充分參與學校團體活動，增加
  與普通學生互動的機會。
* 驗收平日休閒教育的學習效果，
  自我肯定。
* 促進普通師生對特教的認識與
  了解。
* 學習如何遵守競賽的規則。

梅花 編製

124

活動名稱：個別化教學計畫(IEP)會議

活動功能／目的：

＊ 學生按照個別能力需具，評估量身訂做的學習內容，規劃最適切、適性的教學。
＊ 家長可將某對孩子的期望、孩子的能力與教師做溝通，共同擬定配合教師的教學計畫，了解也幫助孩子做最有效的學習。
＊ 教師透過IEP的擬定，就有計畫對學生進行個別化教學，並按學生學習狀況、家長的期望、社區資源，做綜合性評估，隨時做必要之修正、活育IEP的精神。
＊ 透過IEP會議，可令相關人員(如：家長、教師、行政人員、專音人員...)更了解自身的權責所在。

梅梅花　繪製

活動名稱：特殊教育專業團隊需求評估服務

活動功能／目的：

＊ 結合教育、醫療資源及社會福利，提供特殊教育身心障礙學生專音輔導及支持性服務。

＊ 透過專業團隊輔導，針對個案診斷、家屬需求，提供個別化需求之各專業領域教育訓練、家庭服務及遠端計畫。

梅梅花　繪製

活動名稱：轉銜服務

活動功能／目的：

＊ 幫助學生預視未來的學習環境，減少對陌生環境的恐懼。
＊ 促進未來教師對新生的概略認識，以易掌握學生的適應與學習。
＊ 藉由轉銜服務，提供兩階段教師的意見交流，助益新生的延續學習。

梅梅花　繪製

活動名稱：融合教育～共譜快樂的音符

活動功能／目的：

＊ 促進普通學生對待教學生的了解與認識
＊ 培養普通學生對特教學生正確的接納態度
＊ 增加普通學生與特教學生良好的互動機會
＊ 幫助特教學生學習如何適應普通班的學習環境

梅梅花　繪製

活動名稱：**特教小義工**

活動功能/目的：

* 增進普通學生對特教班的認識與了解。

* 培養普通學生對特教學生的關懷與接納。

* 促進普通與特教正向互動關係的建立。

* 增強特教學生面對一般生活、學習環境的信心。

洪梅花 編製

活動名稱：**特教小站**

活動功能/目的：

* 增進一般學生、家長對身心障礙學生的認識與接納。

* 使一般學生、家長及教師在資訊的提供與活動的參與中，更了解特校啟智班的班級教學與經營。

* 提供校內學生、家長與教師特殊教育相關資訊的取得管道。

* 促進校內特殊教育觀念的推廣。

洪梅花 編製

活動名稱：**家長圖書角**

活動功能/目的：

藉由教室中家長圖書角的設立，提供特殊教育相關資訊：圖書、期刊及影片等，供家長隨時借閱，促進家長對特殊教育的認識，如：孩子學習情形與教師教學方法，有益親師特教觀念的溝通。

洪梅花 編製

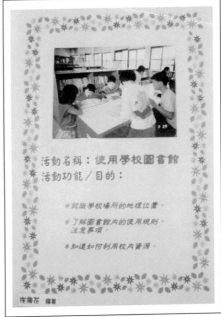

活動名稱：使用學校圖書館

活動功能/目的：

* 認識學校場所的地理位置。

* 了解圖書館內的使用規則、注意事項。

* 知道如何利用校內資源。

洪梅花 編製

活動名稱：社會適應～生日快樂
活動功能／目的：

　　於月曆表上標示出每月的壽星，
並在每天的〝祝賀日期〞時間中，
特別予以慶賀，加深小朋友互動，
印象及對慶生活動的期待，到達
末朋友對日期的學習、了解。

活動名稱：社會適應～天搖地動
活動功能／目的：

　　加入學校地震演習的行列，教導
小朋友地震的徵兆（如：吊燈的
搖晃），安全的措施（如：
關閉電源、安全避難場所的選擇
），以增進其對天然災害的防範
與應變能力。

活動名稱：社會適應～待客之道
活動功能／目的：

　※　客人來訪時，會招呼客人就坐、
　　並倒茶水。

　※　會和客人簡單地寒暄。

　※　會禮貌地與客人道別。

　※　能知道待客時的基本禮儀。

活動名稱　社會適應～聖誕繽紛樂
活動功能／目的：

　※　能認知節慶名稱。

　※　能和節慶相關慶祝活動。

　※　能參與學校相關慶祝活動。

　※　能遵守活動的程序。

活動名稱：戶外教學～採果樂

活動功態／目的：

戶外教學一向是學生的最愛，適切、定期地將戶外教學排入學期課程中，藉教師各領域的學習做一統整連結，教師亦藉從戶外教學中，發現、發展教材的多元內容；另更歡以此戶外教學做為學習過程中，相當有致的增強物，促使學生亦能因寓而獲得，耐相對展示自己的良好表現，不失為一最歡喜的教學方式。

采梅花 編製

活動名稱：戶外教學～搭公車

活動功態／目的：

＊訓練、增進學生之社會適應能力。

＊充分了解並使用社區資源。

＊結合課堂學習與實際生活體驗，增進學生之類化能力。

采梅花 編製

活動名稱：戶外教學～家樂福聖誕行

活動功態／目的：

教導小朋友認識節日，不只是課堂上抽象的日期介紹辦背課，更藉由實際的選購相關物品的活動，共同佈置、彭點節日的特色中，良實感受、體驗聖誕的氣氛，加強小朋友對節日的印象，達到活潑、趣味教學的目的。

采梅花 編製

活動名稱：社會適應～火車快飛

活動功態／目的：

＊認識社區環境的公共設施。

＊知道交通工具的種類和功態。

＊了解如何使用搭乘交通工具。

＊知道乘坐交通工具的安全守則。

采梅花 編製

活動名稱：綜合教育～台南白河賞蓮營

活動功能／目的：

活動名稱：科工館立體電影體驗營

活動功能／目的：

＊讓學生體驗不同的休閒活動內容。

＊教導學生搭乘交通工具時，正確的
安全觀念。

＊使學生了解進出公共場所應遵守的
秩序及規定。

活動名稱：職業生活～整理地板有一套

活動功能／目的：

活動名稱：職業生活～園遊會實驗外烤

活動功能／目的：

活動名稱：垃圾分類資源回收～強調"從做中學"的經驗法則

活動功態／目的：

※ 將分類的基本認知學習，應用於實際生活經驗中。

※ 學習如何分辨可回收與不可回收資源。

※ 學會如何團體分工合作，養成相互協助的觀念。

※ 培養良好的整潔、收拾環境的習慣。

梅花 編製

活動名稱：班級福利社

活動功態／目的：

為訓練、增進孩子的社會適應能力與基本的認知，而開始籌應設立一關於教班小朋友事屬的福利站，用以推升功態性的課程教學。由小朋友自己買賣付錢購買所需的物品，建立他們在金錢與買賣行為上的正確觀念。由做中學，促其具備主動上自我無賴的技能，達到功態性校教學的目的。

梅花 編製

活動名稱：生活教育～洗手包水餃

活動功態／目的：

※ 認識常見食物、廚具、餐具名稱。

※ 養成良好的衛生習慣。

※ 知道如何分工合作。

※ 學會包水餃的簡單步驟。

※ 建立其在餐具、廚具上，正確、安全使用觀念。

梅花 編製

活動名稱：生活教育～烤鬆餅我也會

活動功態／目的：

※ 認識使用材料、用具名稱。

※ 養成良好的衛生習慣。

※ 學會做鬆餅的簡單步驟。

※ 養成主動幫忙清潔用具的習慣。

※ 建立器具使用上的安全觀念。

梅花 編製

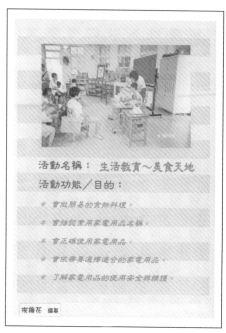

活動名稱： 生活教育～美食天地

活動功能／目的：

* 會做簡易的食物料理。

* 會指認常用家電用品名稱。

* 會正確使用家電用品。

* 會依需要選擇適合的家電用品。

* 了解家電用品的使用安全與維護。

朱梅花 編製

活動名稱： 生活教育～拈花又惹草

活動功能／目的：

* 由實際觀察植物中，認識植物的生長。

* 學會如何裝土、澆水、愛護植物。

* 培養小朋友負責的行為與態度。

* 養成從事正當休閒活動的觀念。

朱梅花 編製

活動名稱：生活教育～GO GO SHOPPING

活動功能／目的：

*使學生具有﹝錢可用來購物﹞的概念。

*培養學生有購物要付錢的觀念。

*具備地理位置概念，知道要到哪裡購買物品。

*會依指示購買所需的物品種類。

朱梅花 編製

活動名稱： 生活教育～畢業典禮

活動功能／目的：

藉由活動的實際參與，能了解

不同場合應注意的穿著、態度

和應對；並能了解畢業典禮的

活動意義。

朱梅花 編製

活動名稱：親子陶土捏捏樂
活動功能／目的：

＊ 增進親子、親師間良好的互動關係。

＊ 提供親子共同學習成長的機會並了解學校課程的進行。

＊ 趣味化孩子的學習方式，令其在遊戲中習得學習。

洪梅花 編製

活動名稱：休閒教育～蘋果燈籠製作商務
活動功能／目的：

＊ 肯定操作工藝相關工具

＊ 熟悉港工具使用的安全

＊ 認知使完有節的相關活動和道具

洪梅花 編製

活動名稱：中秋月餅DIY
活動功能／目的：

● 使學生了解節日慶典的應景活動及由來。

● 令學生親身體驗從事節日相關活動的經驗。

● 邀請家長的共同參與，促進親子、親師間的互動關係。

洪梅花 編製

活動名稱：休閒教育～賞花行動
活動功能／目的：

＊ 培養從事正當休閒活動的興趣。

＊ 能知道活動的安全須知。

＊ 能正確使用活動設施。

＊ 能做簡單的活動安排。

洪梅花 編製

活動名稱：休閒教育～繪唱天地
活動功態／目的：

在實用語文與數學的課程外，同樣
重視音樂與美術方面的學習，以開
發學生潛能，拓展多方才能，多樣
其學習內容，豐富其休閒生活，令
學習色彩有快遊戲的樂趣。

米梅花 編製

活動名稱：綜合活動～小小植物家
活動功態／目的：

* 實用數學：由實際觀察植物中，增進對數與
　量、多少的認知。
* 實用語文：由記錄過程中提供運筆的練習與
　文字的認識。
* 職業生活：建立小朋友自我責任的概念。
* 休閒活動：提供多樣休閒活動的選擇認知。

米梅花 編製

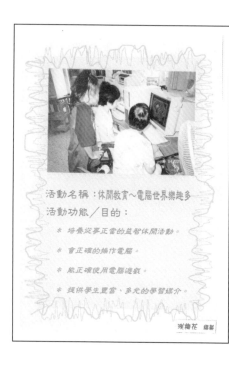

活動名稱：休閒教育～電腦世界樂趣多
活動功態／目的：

* 培養從事正當的益智休閒活動。

* 會正確的操作電腦。

* 能正確使用電腦遊戲。

* 提供學生豐富、多元的學習媒介。

米梅花 編製

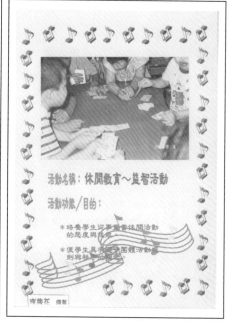

活動名稱：休閒教育～益智活動
活動功態／目的：

　*培養學生從事當會休閒活動
　　的態度與作為。

　*使學生具有參與團體活動的
　　則與利潤的認知。

米梅花 編製

活動名稱：社區教育～柑仔店、雜貨店
活動功能／目的：

活動名稱：休閒教育～遊戲器材的使用
活動功能／目的：

* 協助、學習器材的安全使用與
  收拾方法
* 學習、了解相互合作的重要
* 建立依序輪流的順序概念
* 培養協助他人的友好態度

來梅花 編製

活動名稱：綜合教育～場佈清潔櫥
活動功能／目的：

　※ 能知道粉票名稱和相關活動。
　※ 能參與學校相關慶祝活動。
　※ 能洗著食物意連的衛生。
　※ 能正確使用烹煮器具。
　※ 能協助收拾清理相關長。

來梅花 編製

附錄四　【不同領域、不同能力之教學內容設計範例】

【認識食物與錢幣】

（團體教學部分）　　　　　　　　（個別作業與指導部分）

實用語文——食物命名、食物名詞認讀
實用數學——分類、數與量、加法計算、錢幣
生活教育——購物
社會適應——消費場所
休閒教育——食物手指謠（音樂）、陶土創作（美勞）
職業生活——職業種類（角色扮演）

　　如何在特教班級中，對團體教學與個別作業指導截長補短，助益學生的學習效益，「異中取同」、「同中有異」便是筆者在設計教材內容時的主要概念。

　　異中取同：特教班的學生雖是一個異質性極高的團體，但我們仍可找出其共同之處，做為團體教學的教材內容。日常生活中食、衣、住、行的相關事物，便是所有人最熟悉不過且每天必須接觸的、極佳的共同生活經驗，以此切入的教材，對特教學生來說，不但生活化且具體、更具實用性與功能性。

　　同中有異：在選定可進行團體教學的內容後，接下來便是考量各個學生的能力差異，針對相同的教學內容，設計符合個別學習能力的提問、作

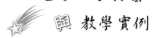

業單，並給予適切的個別指導。

如此的教材內容與教學方式，學生不但能有團體教學中同儕學習的機會，也能有符合個人學習能力的作業機會與個別的指導，應用在實際的教學活動上，亦確實提高了學生的學習成效（如附件三十）。在此教學實例中，筆者的重點為實用語文與實用數學領域，其他領域的結合運用，可依教師們實際教學與學校活動的情況有所調整。

附件三十

【個別作業單——高、中、低組】*

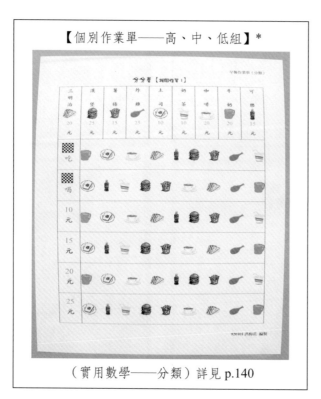

（實用數學——分類）詳見 p.140

【個別作業單——低組】*

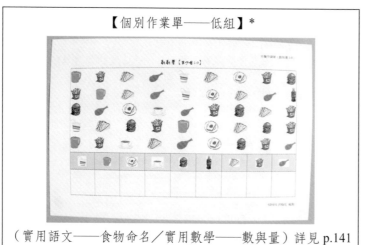

（實用語文——食物命名／實用數學——數與量）詳見 p.141

【個別作業單——高、中、低組】*

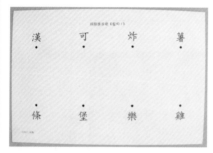

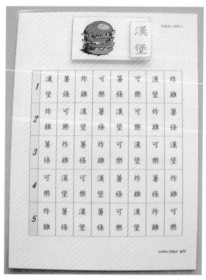

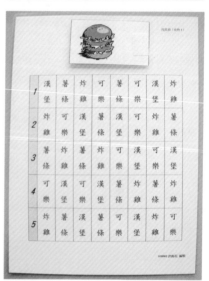

低組使用時：可多加一點提示線索。
高組使用時：則可撤除提示線索。

附錄四 【不同領域、不同能力之教學內容設計範例】

【個別作業單──中組】*（詳見 p.142）

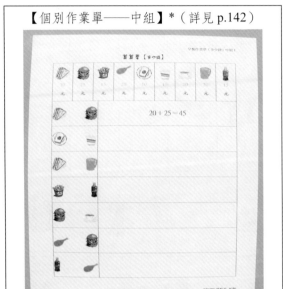

【個別作業單──高組】*（詳見 p.143、144）

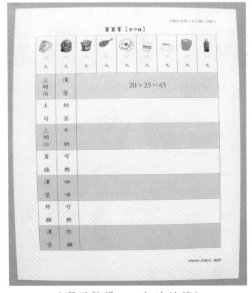

（實用數學──加法計算）

學生能力組別：詳見附件二十三。

分分看【相同性質 I】*

	三明治 20元	漢堡 25元	薯條 15元	炸雞 25元	土司 10元	奶茶 10元	咖啡 20元	牛奶 20元	可樂 15元
▩ 吃									
▩ 喝									
10元									
15元									
20元									
25元									

140

分組作業單（數與量 1-9）＊

數數看【多少個 1-9】

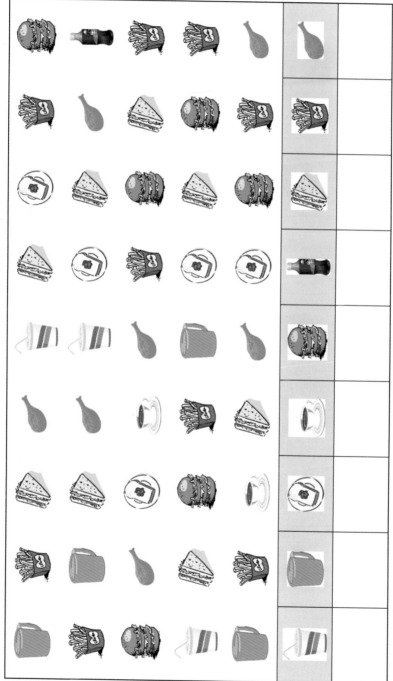

算算看【多少錢】*

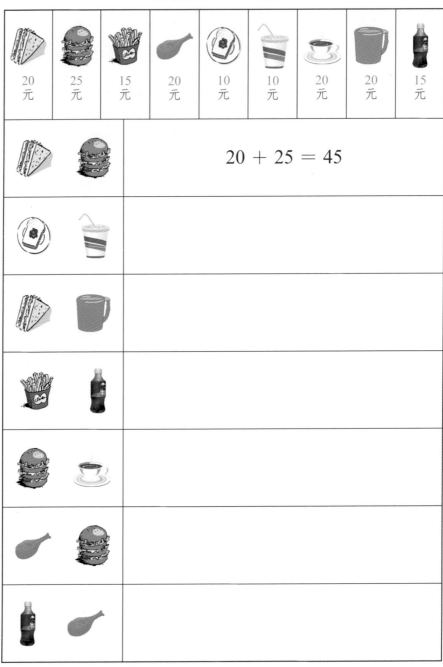

20元	25元	15元	20元	10元	10元	20元	20元	15元

三明治 漢堡	20 ＋ 25 ＝ 45
吐司 飲料	
三明治 杯子	
薯條 瓶子	
漢堡 咖啡	
雞腿 漢堡	
瓶子 雞腿	

算算看【多少錢】高組 1*

20元	25元	15元	20元	10元	10元	20元	20元	15元

三明治	漢堡	20 + 25 = 45
土司	奶茶	
三明治	牛奶	
薯條	可樂	
漢堡	咖啡	
炸雞	可樂	
漢堡	炸雞	

143

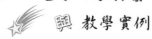
算算看【多少錢】高組 2

三明治 20 元	漢堡 25 元	薯條 15 元	炸雞 25 元	土司 10 元	奶茶 10 元	咖啡 20 元	牛奶 20 元	可樂 15 元

【1】小君想買一個三明治和一個漢堡，共要多少元？

$$20 + 25 = 45$$

【2】小文買了一份土司和一杯奶茶，一共是多少元？

【3】小芳買一個三明治和一瓶牛奶，要付多少元？

【4】小宇想吃一包薯條和一杯可樂，合起來要多少錢？

【5】小廷想買 2 個三明治，請問要多少元？

【6】梅花老師買了 2 杯可樂和 2 包薯條，一共花了多少錢？

附錄五　【自製教材教具簡介】

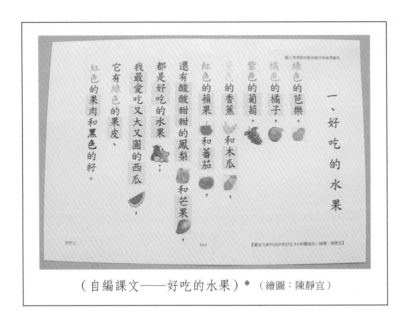

（自編課文——好吃的水果）*（繪圖：陳靜宜）

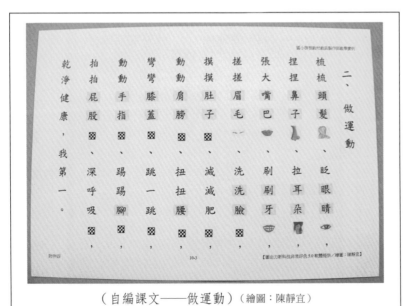

（自編課文——做運動）（繪圖：陳靜宜）

145

（自編課文——好吃的早餐）*

（課文貼貼看——五官）

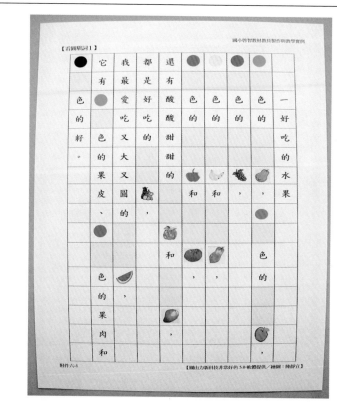

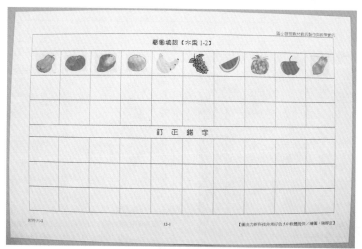

（看圖填詞）*（繪圖：陳靜宜）

147

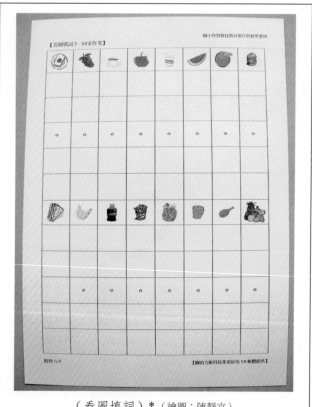

（看圖填詞）＊（繪圖：陳靜宜）

（家人稱謂圖字配對貼──名片尺寸）

（攝影：洪梅花）

（家人稱謂圖字配對貼──名片尺寸）＊

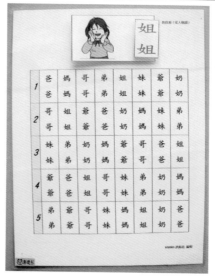

（家人稱謂找找看——有提示）*

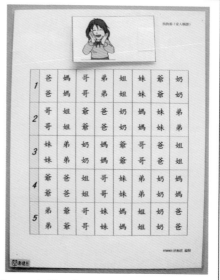

（家人稱謂找找看——無提示）*

 不懂搜尋技巧的學生，可在左邊加上數字，讓他由第 1 列開始，由左而右的依序搜尋完畢後，再搜尋第 2 列。

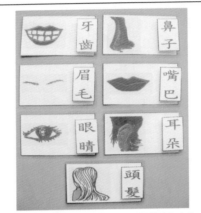

（五官圖字配對貼──名片尺寸）
（繪圖：陳靜宜）

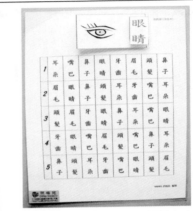

（五官找找看──A4尺寸）*

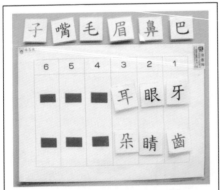

（五官語詞順序貼──A4尺寸）

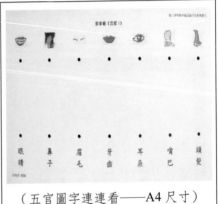

（五官圖字連連看──A4尺寸）
（繪圖：陳靜宜）

（五官語詞連連看──A4尺寸）

（形狀圖字配對貼──名片尺寸）

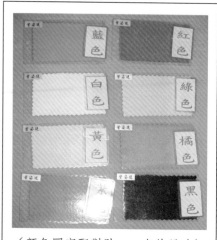

（顏色圖字配對貼——名片尺寸）

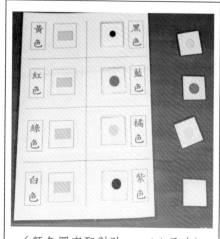

（顏色圖字配對貼——A4尺寸）

（顏色找找看——有提示）

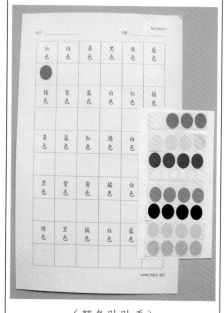

（顏色貼貼看）

151

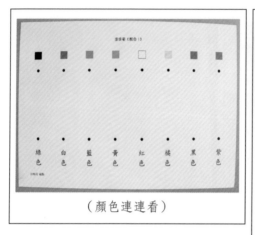

（顏色連連看）

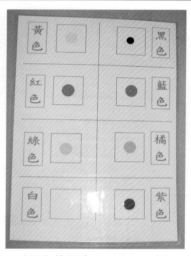

（顏色檢視卡——A4 尺寸）

 註 讓學生能學習自我訂正錯誤用。

（天氣圖字配對貼——名片尺寸）*

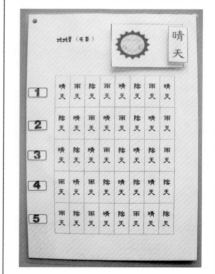

（天氣找找看——A4 尺寸）有提示*

（水果圖字配對貼──4×6尺寸）

（攝影：洪梅花）

（水果圖字配對貼──名片尺寸）*

（水果語詞順序貼──有提示）

註 在學生初學階段，可提供題號、圖字等提示線索，讓學生按圖索驥。

（水果語詞順序貼──無提示）

註 待學生熟練後，可去除提示線索，由學生自行完成。

（水果圖字配對夾──4×6尺寸）

（水果圖字連連看）*

153

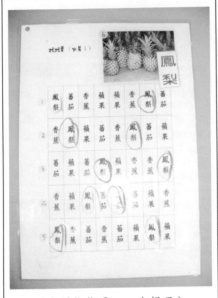

（水果找找看——有提示）

 在學生未習得搜尋技巧時，可標示出每一列的搜尋序號；另給予圖字的線索提示。

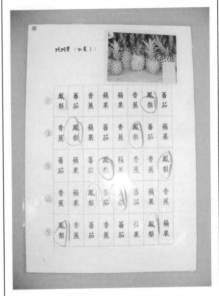

（水果找找看——無提示）

 當學生漸熟識該語詞時，便可除去語詞卡的提示，只給予欲搜尋的語詞圖卡。

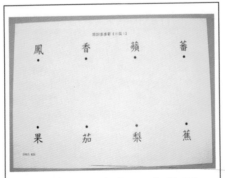

（水果語詞連連看——無提示）

（食物語詞順序貼——A4尺寸）

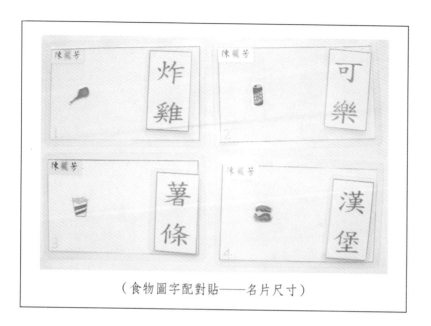

（食物圖字配對貼——名片尺寸）

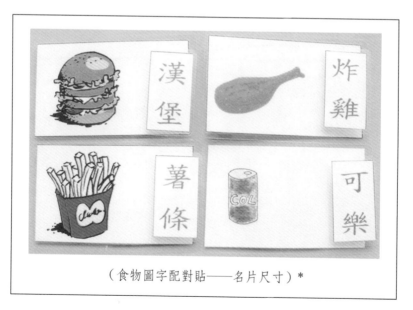

（食物圖字配對貼——名片尺寸）*

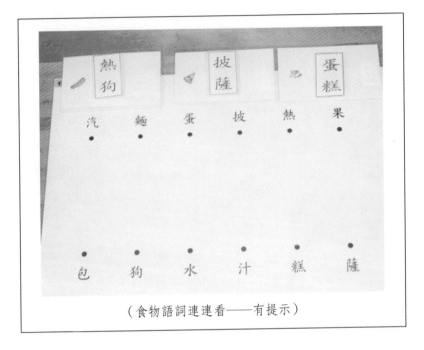

（食物語詞連連看——有提示）

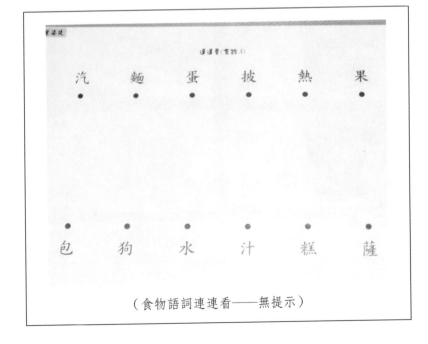

（食物語詞連連看——無提示）

（姓名找找看——A4 尺寸）

（姓名順序貼——A4 尺寸）

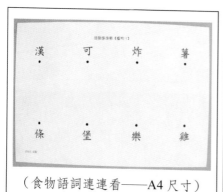

（食物語詞連連看——A4 尺寸）

（食物找找看——有提示）*

157

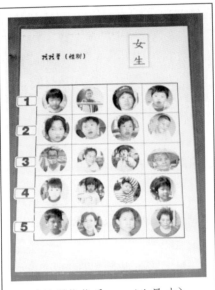

（性別找找看──A4尺寸）
無圖卡提示

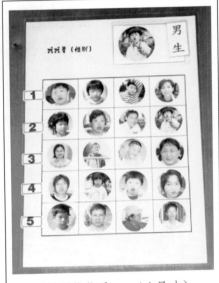

（性別找找看──A4尺寸）
圖卡和字卡提示

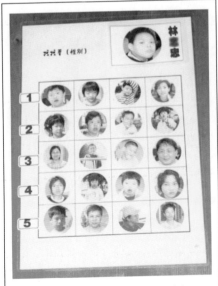

（性別找找看──A4尺寸）
無字卡提示

（性別圖字配對貼──名片尺寸）

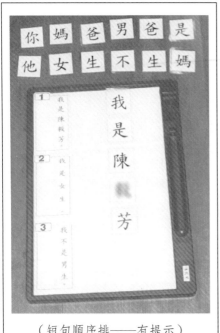

（短句順序排——有提示）

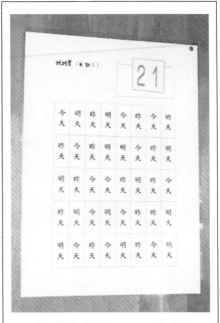

（日期找找看——A4尺寸）

（盥洗用具圖字配對貼——名片尺寸）

（攝影：洪梅花）

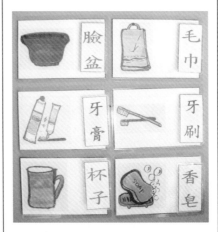

（盥洗用具圖字配對貼——名片尺寸）

（繪圖：陳靜宜）

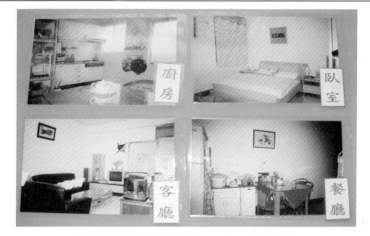

（公共場所圖字配對貼——4×6尺寸）

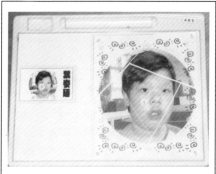

（拼圖遊戲——自畫像有提示）*

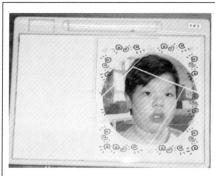

（拼圖遊戲——自畫像無提示）*

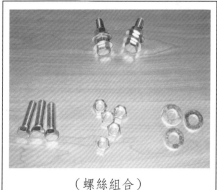

（螺絲組合）

（物品分類）

（顏色分類）

（顏色分類）

（圖片分類）*

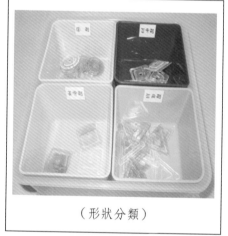

（形狀分類）

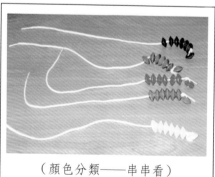

（顏色分類——串串看）

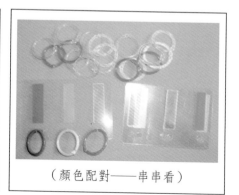

（顏色配對——串串看）

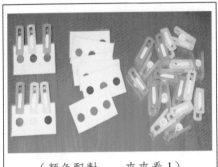

（顏色配對——夾夾看1）

（顏色配對——夾夾看2）

（顏色序位——串串看）

註 下方為顏色順序提示卡。

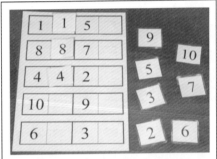

〔相同配對（數字符號）——貼貼看〕

（數字對應——拼拼看）
購自10元商店

（關係配對——貼貼看）

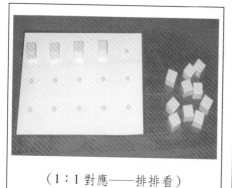

（1：1對應——排排看）

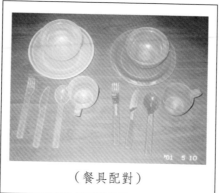

（餐具配對）

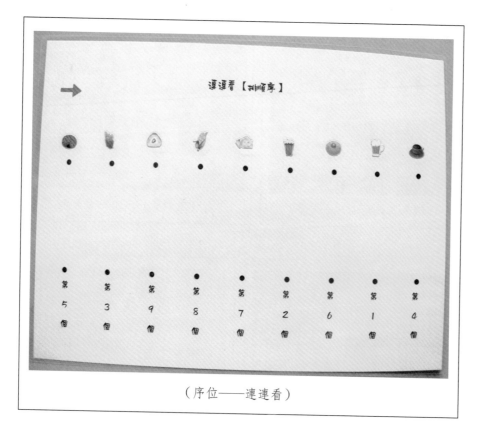

（序位——連連看）

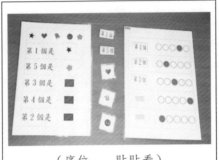

（序位——貼貼看）

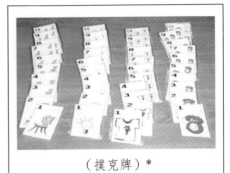

（撲克牌）*

（顏色與數量——串串看）

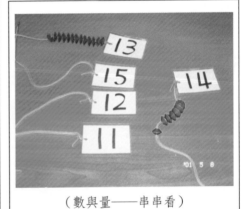

（數與量——串串看）

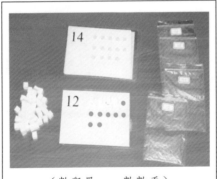

（數與量——數數看）

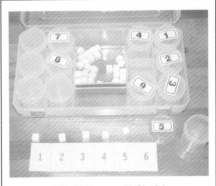

（數與量——數數看）

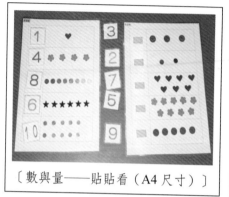

〔數與量——貼貼看（A4尺寸）〕

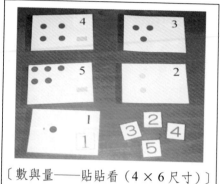

〔數與量——貼貼看（4×6尺寸）〕

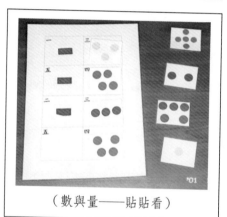

（數與量——貼貼看）

（數與量——畫畫看）

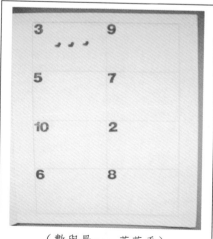

（數與量——蓋蓋看）

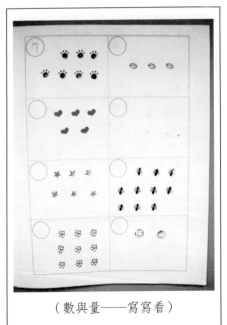

（數與量——寫寫看）

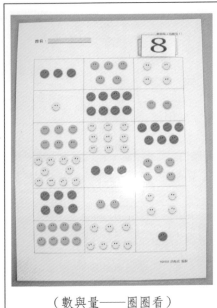

（數與量——圈圈看）

（數與量——圈圈看）

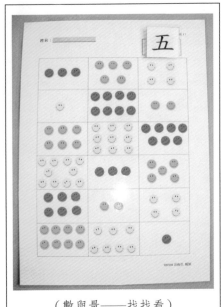

（數與量——找找看）

（數與量──找找看）

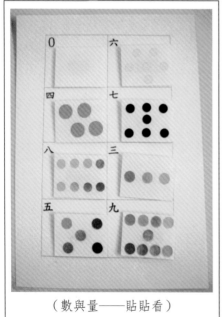

（數與量──找找看）*

（數與量──貼貼看）

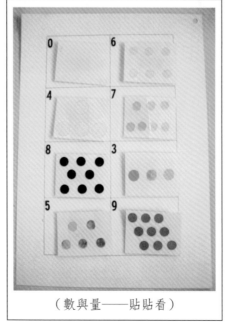

（數與量──貼貼看）

（數與量——貼貼看）*

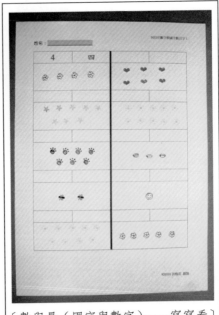

〔數與量（國字與數字）——寫寫看〕

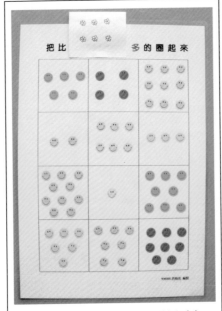

〔比多少（圖案）——圈圈看〕

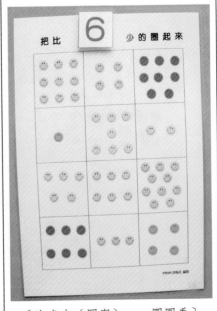

〔比多少（圖案）——圈圈看〕

〔比多少（數字）——圈圈看〕*

〔比多少（數字）——圈圈看〕

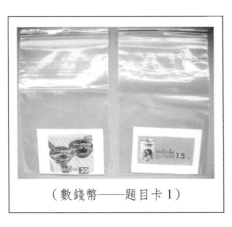

（數錢幣——題目卡 1）

（數錢幣——題目卡 2）

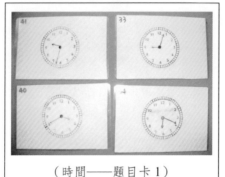

（時間——題目卡 1）

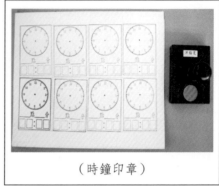

（時鐘印章）

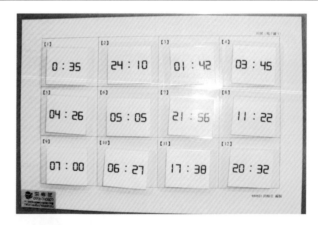

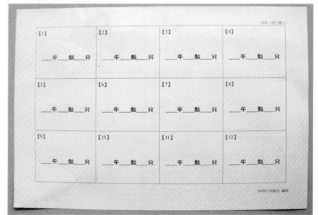

（時間——題目卡 2／答案紙）

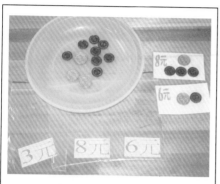

（數錢幣──數數看）

註 學生依夾鏈袋內的題目金額，計數正確的金額放入夾鏈袋中；右上方為提示卡。

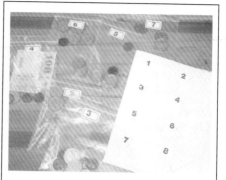

（數錢幣──寫寫看 1）

註 左邊夾鏈袋為題目，學生依題號計數錢幣金額後，將正確金額寫在右邊對應的答案格內。

（數錢幣──寫寫看 2）

註 左邊夾鏈袋為題目，學生依題號計數錢幣金額後，將正確金額寫在右邊對應的答案格內。

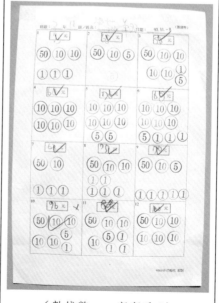

（數錢幣──寫寫看 3）

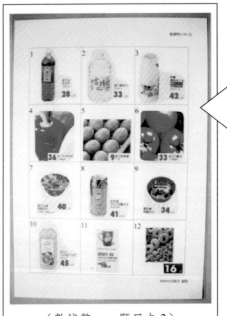

（數錢幣——題目卡 3）

註　學生依左邊的題目卡，計
　　數正確金額的錢幣，放入
　　右邊對應題號的夾鏈袋中。

附錄六 【屏東縣九十一學年度國小啓智類得獎教材教具】

得獎作品 1

教具名稱 對對碰

教具功能： 1.視覺辨識與記憶能力訓練。

2.專心注意能力訓練。

3.配對認知能力訓練。

4.正當休閒益智活動能力之培養。

5.遵守遊戲規則能力之培養。

教具特色： 1.在休閒活動中融入實用語文與實用數學的認知學習。

2.教師可依實際教學內容與學生能力，隨時對遊戲圖卡內容做彈性編修。

3.規格化的表格設計，只要以 A4 紙張列印，皆能套用到洞洞板。

使用方法： 1.插入任一對對碰遊戲圖卡（可配合老師上課的學習內容）。

2.將所有蓋子蓋上圓洞。

3.每一遊戲者可任選打開 2 個蓋子，若 2 個蓋子下的圖與圖、圖與字或字與字的內容相符合，即可拿回蓋子算答對。

4.擁有蓋子數量最多者便是優勝。

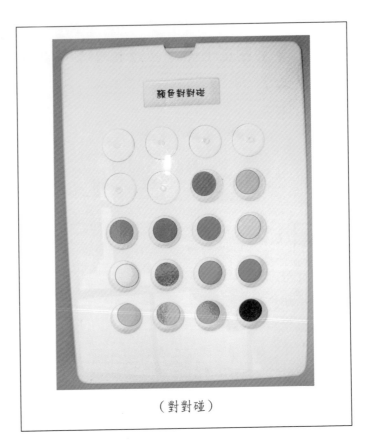

（對對碰）

（對對碰使用情形）

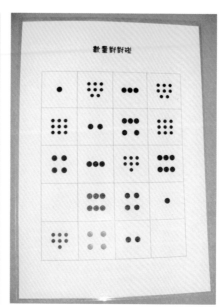

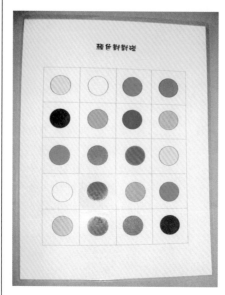

 教師可依教學內容的不同，彈性製作符合教學內容的對對碰圖卡。如：相同部首、家人稱謂、顏色、數量……等等。

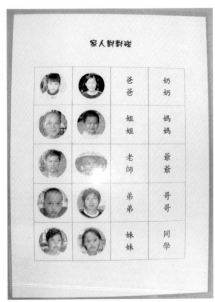

教師可依學生個別能力的不同，彈性製作符合各種不同能力學生的對對碰圖卡。如：圖和圖的對對碰、圖和字的對對碰、字和字的對對碰……等等。

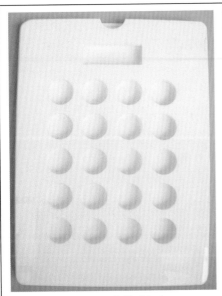

1.（空的對對碰板）

2.（放入圖卡）

3.（蓋上洞板蓋子）

 註　右下圖為較大規格的對對碰板，適合認知能力較弱或精細動作不佳的學生使用。

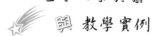

得獎作品2

教具名稱 套套樂

教具功能：1.視覺辨識、記憶與序列能力訓練。

2.手眼協調能力訓練。

3.分類、配對、數量與語文認知能力訓練。

教具特色：1.提供紙筆能力不佳之學生操作性的學習。

2.教師可依實際教學內容與學生能力，隨時對提示對照卡內容
做彈性調整。

使用方法：1.任選一張提示對照卡套入小圓柱。

2.請學生依提示對照卡套入相對數量、顏色或數量、顏色同時
相符的小段吸管。

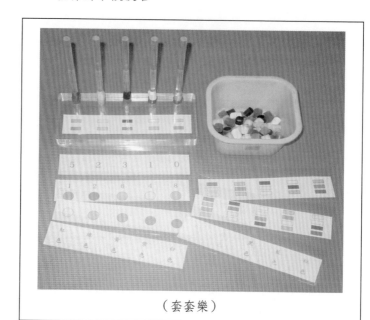

（套套樂）

得獎作品 3

教具名稱 貼貼書

教具功能：1.配合自編之實用語文教材，提供運筆、書寫能力不佳之學生，
　　　　　　藉由操作性教具，加強輔助其語文認知的學習。

　　　　　2.可重複使用並隨時做彈性增修。

教具特色：1.提供紙筆能力不佳之學生操作性學習。

　　　　　2.教師可依實際教學內容與學生能力，隨時對提示對照卡內容
　　　　　　做彈性調整。

　　　　　3.除了一般課文的認讀，還可透過活動字卡，讓學生進行圖卡
　　　　　　的語詞配對練習。

使用方法：1.先將所有的字卡撕下。

　　　　　2.學生再依課文內容或圖像的提示，找出相對應的字卡貼上。

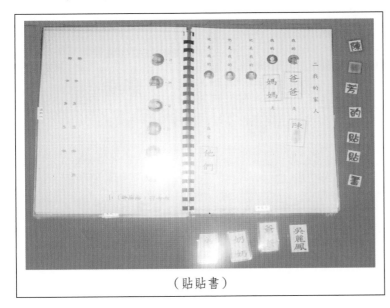

（貼貼書）

附錄七 【工具材料參考】

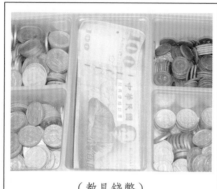

（教具錢幣）

（子母膠帶）

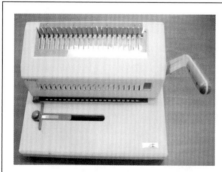

（活頁打孔機）

（膠圈、膠片）

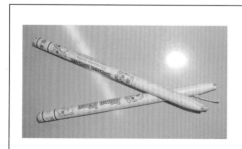

（四色筆）

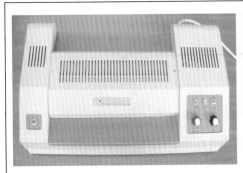

（護貝機）

（護貝膠膜）

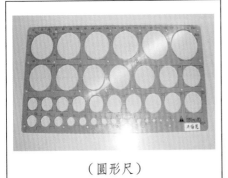

（圓形尺）

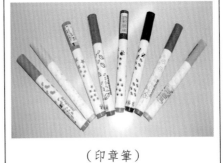

（印章筆）

（顏色標籤）

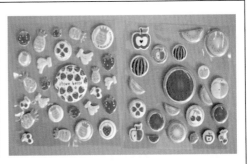

（水果貼紙）

（四格收納盒）

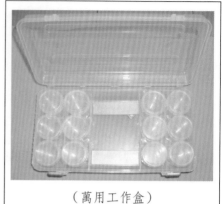
（萬用工作盒）

（風琴夾——大）　（風琴夾——小）

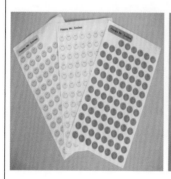
（微笑貼紙）

（數字標籤）

（食物貼紙）

（夾鏈袋——中）＊

（夾鏈袋——大）＊

（夾鏈袋——小）＊

（水果造型磁鐵）

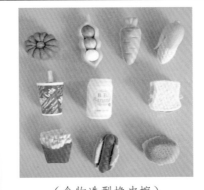

（食物造型橡皮擦）

（錢幣數字章）

國家圖書館出版品預行編目資料

國小啟智教材教具製作與教學實例／洪梅花著.
　--初版.--臺北市：心理，2005（民 94）

　面；　　公分.--（障礙教育；52）
　參考書目：面

　ISBN 957-702-784-9（平裝）

　1. 智能不足教育

529.62　　　　　　　　　　　　　　94005835

障礙教育 52　**國小啟智教材教具製作與教學實例**

作　　者：洪梅花

執行編輯：李　晶

總　編　輯：林敬堯

出　版　者：心理出版社股份有限公司

社　　址：台北市和平東路一段 180 號 7 樓

總　　機：(02) 23671490　　傳　真：(02) 23671457

郵　　撥：19293172　心理出版社股份有限公司

電子信箱：psychoco@ms15.hinet.net

網　　址：www.psy.com.tw

駐美代表：Lisa Wu　Tel：973 546-5845　Fax：973 546-7651

登　記　證：局版北市業字第 1372 號

電腦排版：臻圓打字印刷有限公司

印　刷　者：中茂分色製版印刷事業股份有限公司

初版一刷：2005 年 5 月

初版二刷：2006 年 3 月

讀者意見回函卡

No. _____　　　　　　　　　　填寫日期：　年　月　日

感謝您購買本公司出版品。為提升我們的服務品質，請惠填以下資料寄回本社【或傳真(02)2367-1457】提供我們出書、修訂及辦活動之參考。您將不定期收到本公司最新出版及活動訊息。謝謝您！

姓名：_____　性別：1□男　2□女

職業：1□教師 2□學生 3□上班族 4□家庭主婦 5□自由業 6□其他____

學歷：1□博士 2□碩士 3□大學 4□專科 5□高中 6□國中 7□國中以下

服務單位：_____ 部門：_____ 職稱：_____

服務地址：_____ 電話：_____ 傳真：_____

住家地址：_____ 電話：_____ 傳真：_____

電子郵件地址：_____

書名：_____

一、您認為本書的優點：（可複選）

　❶□內容 ❷□文筆 ❸□校對 ❹□編排 ❺□封面 ❻□其他____

二、您認為本書需再加強的地方：（可複選）

　❶□內容 ❷□文筆 ❸□校對 ❹□編排 ❺□封面 ❻□其他____

三、您購買本書的消息來源：（請單選）

　❶□本公司 ❷□逛書局⇨_____書局 ❸□老師或親友介紹

　❹□書展⇨____書展 ❺□心理心雜誌 ❻□書評 ❼其他_____

四、您希望我們舉辦何種活動：（可複選）

　❶□作者演講 ❷□研習會 ❸□研討會 ❹□書展 ❺□其他_____

五、您購買本書的原因：（可複選）

　❶□對主題感興趣 ❷□上課教材⇨課程名稱_____

　❸□舉辦活動　❹□其他_____　　　（請翻頁繼續）

廣　告　回　信
台　北　郵　局　登　記　證
台　北　廣　字　第　940　號
（免貼郵票）

 心理出版社 股份有限公司

台北市 106 和平東路一段 180 號 7 樓

TEL: (02) 2367-1490
FAX: (02) 2367-1457
EMAIL:psychoco@ms15.hinet.net

沿線對折訂好後寄回

六、您希望我們多出版何種類型的書籍

❶□心理 ❷□輔導 ❸□教育 ❹□社工 ❺□測驗 ❻□其他

七、如果您是老師，是否有撰寫教科書的計劃：□有□無

　　　書名／課程：＿＿＿＿＿＿＿＿＿＿＿＿＿＿＿＿＿＿

八、您教授／修習的課程：

上學期：＿＿＿＿＿＿＿＿＿＿＿＿＿＿＿＿＿＿＿＿＿

下學期：＿＿＿＿＿＿＿＿＿＿＿＿＿＿＿＿＿＿＿＿＿

進修班：＿＿＿＿＿＿＿＿＿＿＿＿＿＿＿＿＿＿＿＿＿

暑　假：＿＿＿＿＿＿＿＿＿＿＿＿＿＿＿＿＿＿＿＿＿

寒　假：＿＿＿＿＿＿＿＿＿＿＿＿＿＿＿＿＿＿＿＿＿

學分班：＿＿＿＿＿＿＿＿＿＿＿＿＿＿＿＿＿＿＿＿＿

九、您的其他意見

謝謝您的指教！　　　　　　　　　　　　　　63052